考霸笔记系列丛书

U0732358

初｜中｜生｜物
基础知识及考点突破

小马车丛书编委会　编

地质出版社

·北京·

图书在版编目（CIP）数据

初中生物基础知识及考点突破/小马车丛书编委会

编.—北京：地质出版社，2020.11

（考霸笔记系列丛书）

ISBN 978-7-116-12152-2

Ⅰ.①初⋯　Ⅱ.①小⋯　Ⅲ.①生物课—初中—升学参

考资料　Ⅳ.①G634.915

中国版本图书馆 CIP 数据核字（2020）第 123906 号

初中生物基础知识及考点突破

CHUZHONG SHENGWU JICHU ZHISHI JI KAODIAN TUPO

责任编辑：崔　颖　周苏琴

责任校对：李　玫

出版发行：地质出版社

社址邮编：北京市海淀区学院路 31 号，100083

咨询电话：(010) 66554600（编辑室）

网　　址：http://www.gph.com.cn

传　　真：(010) 66554601

印　　刷：保定市铭泰达印刷有限公司

开　　本：640mm×920mm　1/32

印　　张：7.5

版　　次：2020 年 11 月第 1 版

印　　次：2020 年 11 月第 1 次印刷

定　　价：42.00 元

书　　号：ISBN 978-7-116-12152-2

目录

专题一　认识生物

核心考点 1　观察

观察的定义：观察是指研究者根据一定的研究目的、研究提纲或观察表，用自己的感官和辅助工具去直接感知和考察被研究对象，从而获取资料的一种方法。

科学观察的工具：可以直接用肉眼，也可以用放大镜、显微镜、望远镜等仪器，或利用照相机、摄像机、录音机等工具。

科学观察的特点：明确目的性；实事求是；要有耐心，及时记录；及时交流和讨论。

核心考点 2　生物的特征

1.生物的定义

自然界中有生命现象这一生物特征的物体。具备生命现象，这个物体就有生命，就属于生物。

考霸笔记

常用观察方法

顺序观察：从观察方式上来说，一般是先用肉眼，再用放大镜，最后用显微镜；用显微镜观察也是先低倍镜，后高倍镜。从观察方位上来说，一般采取先整体后局部，从外到内，从左到右等顺序。

对比观察：对比观察有利于迅速抓住事物的共性和个性，从而把握住事物的本质。

动态观察：对生物生活习性、生长过程、生殖发育的观察都属于动态观察。动态观察的关键是把握观察对象的发展变化。

1

考霸笔记

　　自然界中没有生命现象的物体叫作非生物。不具备生物的特征,这个物体就没有生命。生物与非生物的根本区别在于其是否具有生命现象。不要误认为能生长、能运动的物体就是生物。

2.生物的特征

(1)生物的生活需要营养

生物需要不断从外界获取营养物质,绿色植物可以通过光合作用制造有机物,供其生长发育需要,其他绝大部分生物只能利用现成的有机物。

(2)生物能进行呼吸

绝大多数生物需要不断地吸入氧气,呼出二氧化碳(厌氧的生物除外)。

(3)生物能排出身体内产生的废物

动物和人通过呼吸、出汗、排尿等方式排出废物;植物的落叶是植物排泄的方式之一。

(4)生物能对外界刺激做出反应

植物对外界刺激的反应比较慢,如向光性、向地性、向水性、向肥性等;动物往往反应较快,这可以帮助动物更好地适应环境。

(5)生物能生长和繁殖

生物体由小长到大的过程叫生长;生长到一定时期后,可产生新的个体来繁衍种族,这种现象叫繁殖。

(6)生物都有遗传和变异的现象

生物的子代与亲代的相似性叫遗传;子代和亲代以及子代和子代之间的

差异叫变异。遗传保证物种的稳定性,变异为物种进化提供原材料,可以使生物更适应环境。

核心考点 3 调查周边环境中的生物

调查是科学探究常用的方法之一。普查是调查的一种方法。

1.调查的特点

1)要有明确的目的和调查对象。

2)制订合理的调查方案。

3)对于分布范围很广的调查对象,可采用抽样调查。

4)调查过程要如实记录,不能想象臆造,保证调查材料的科学性和可参考性。

5)对调查结果要及时整理、统计和分析。

2.调查(校园、公园或农田周边环境中的生物种类)

目的要求

1)了解校园、公园或农田周边环境中的生物种类,记录你所看到的生物和它们的生活环境。

2)尝试对生物进行归类,初步认识生物的多样性。

3)初步学会做调查记录。

材料用具

调查表、笔、望远镜、放大镜、照相机等。

方法步骤

1)**确定调查范围**:调查范围最好不要太大。

2)**分组**:要合理,选责任心较强的同学担任组长。

3)**设计调查线路**:生物种类要丰富,这是选择调查线路的首要原则,其次要交通便利。

4)**调查过程**:将观察到的生物全部记录下来,包括偶尔从空中飞过的鸟或昆虫;要特别注意树皮、草丛或枯枝落叶中的动物。

5)**归类**:将调查到的生物按一个标准进行分类。

6)**整理**:把分好类的生物进行整理、保存。

考霸笔记

调查的一般步骤

1)明确调查目的。

2)确定调查对象。

3)制订合理的调查方案。

4)做好调查记录。

5)对调查结果进行整理分析。

6)撰写调查报告。

设计调查表（如下）

生物调查表

调查人：　　　　班级：　　　　调查时间：　　年　　月　　日
天气情况：　　　　　　　调查地点：

生物名称	数　量	生活环境

注意事项

1) 如实记录,不能以个人的好恶决定取舍。

2) 不要破坏生物生存的环境条件,做到爱护环境。

3) 注意安全:不攀高,不下水,不随意品尝植物的花果等。

讨论

1) 说出观察到的动物种类和植物种类,并且说明它们与人类的关系。

2) 说出 2～3 种生物的生活环境(从光照、水分、土壤等方面入手进行说明)。

3) 提出自己的见解并与大家讨论,说出你的体会。

 考霸笔记

生物的分类

按照形态结构:动物、植物、其他生物。

按照生活环境:陆生生物、水生生物。

按照用途:作物、家禽、家畜、宠物。

某小组将调查到的生物进行了分类,将金鱼、水草、虾、螃蟹归为一类,将松鼠、樱花、蚂蚁、蝴蝶、喜鹊归为另一类,则它们的归类标准是(　　)。

A.形态结构特点

B.用途

C.生活环境

D.数量

专题二 了解生物圈

核心考点 1 生物与环境的关系

1.生活环境的定义

生活环境指生物的生存空间,以及存在于生物周围的各种影响因素。

2.环境中的生态因素

(1)生态因素

环境中影响生物的生活和分布等的因素叫生态因素,包括生物因素和非生物因素。

非生物因素主要包括光、温度、水、土壤、空气等;生物因素指影响某种生物生活的其他生物,包括天敌、食物等。

考霸笔记

温室效应

　　导致全球变暖的主要原因是近年来人类大量使用矿物燃料(如煤、石油等),排放出大量的二氧化碳等多种温室气体。这些温室气体对来自太阳辐射的短波具有高度的透过性,而对地球反射出来的长波辐射具有高度的吸收性,相当于给地球盖上了一层棉被,导致全球气候变暖,这就是常说的"温室效应"。

(2)非生物因素对生物的影响

光:没有阳光,绿色植物就不能进行光合作用,也就不能生存。同时,光还能影响植物的分布。阳光能够影响动物的体色和某些动物的生长发育。

温度:过低或过高的温度都会使生物体的新陈代谢无法正常进行,甚至使生物死亡。温度还能影响植物的分布以及动物的形态和生活习性。

水:一切生物的生活都离不开水。水会影响生物的生长发育、分布和代谢活动。在组成生物体的成分中,大部分是水。

除此之外,土壤、海水盐度、pH、矿质元素等也属于非生物因素。

(3)生物因素对生物的影响

1)合作关系:两种生物共同生活在一起,彼此互为有利的生活关系。两者彼此分开后仍能独立生活。如寄居蟹和海葵。

2)捕食关系:一种生物以另一种生物作为食物的现象。如七星瓢虫与蚜虫。

3)竞争关系:两种生物生活在一起,相互争夺资源、空间等的现象。如杂草和农作物争夺养料和生存空间。

4)其他关系:生物之间还有互利共生、寄生等关系。

3.非生物因素对某种动物的影响探究实验

探究实验的名称:光对鼠妇分布的影响。

考霸笔记

互利共生:两种生物生活在一起,相互有利,离开后一方或双方都难以生存的现象。如根瘤菌与豆科植物。

寄生:一种生物生活在另一种生物的体内或体表,并且从这种生物的体内或体表摄取营养物质维持生存的现象。如水蛭寄生在牛等牲畜体内,菟丝子寄生在其他植物上。

考霸笔记

对照实验:在探究某种条件对研究对象的影响时,对研究对象进行的除了该条件不同以外,其他条件都相同的实验。根据变量设置一组对照实验,使实验结果具有说服力。一般来说,对实验变量进行处理的,就是实验组;不做处理的就是对照组。

对照实验所要探究的条件就是实验的唯一变量,因此,"探究光对鼠妇分布的影响"实验中唯一的变量是光照。除光照不同外,其他条件,如鼠妇数量、泥土、温度等,都应该相同且适宜。

探究实验的基本原则:

对照原则:在实验中要设置对照实验,将实验组和对照组进行对比分析,才能得出有科学价值、令人信服的结论。

单一变量原则:科学研究要求一组对照实验中有且只有一个变化的因素,即实验变量,否则不能得出确切的结论。

可重复原则:一次实验结果不能令人信服,只有经过多次反复的实验都能得到相同的实验结果,才更加可信。

探究实验的步骤:

1)提出问题。

光会影响鼠妇的分布吗?

2)做出假设。

光会影响鼠妇的分布。

3)制订计划。

实验思路:设计明暗不同但是相通的两种环境,各放入等量的鼠妇若干只,过一段时间后,比较明暗两环境中鼠妇数量的多少。

材料用具:10只鼠妇,湿土,铁盘,玻璃板等。

实验装置:铁盒内盛上湿土,以中间为界,一侧盖上纸板,另一侧为玻璃板,形成明暗两种环境。

方法步骤:

以小组为单位进行实验。在两侧中央各放入 5 只鼠妇,静置 2 分钟。

每分钟统计一次明亮处和阴暗处的鼠妇数目,统计 10 次,将统计的结果填写在下表中。

设计表格:如实记录。

时间(分钟) 环境	2	3	4	5	6	7	8	9	10	11
明亮										
阴暗										

4)实施计划。

认真观察,如实记录。

5)得出结论。

根据实验数据分析得出结论。

6)表达交流。

交流成功的心得和失败的教训,引以为戒。

4.生物对环境的适应和影响

适应:1)任何生物都对其生存的环境具有适应性。

　　　2)适应是相对的。

考霸笔记

生物对环境的适应实例

沙漠中的仙人掌叶变成了刺,可减少水分的蒸腾,以适应干旱的生活环境;企鹅体内有很多的脂肪,有保温作用,以适应严寒的气候;动物的拟态和保护色等,都是对生活环境的一种适应。

生物对环境的影响实例

植物的蒸腾作用,可提高空气湿度,增加降雨量等;蚯蚓生活在土壤中,既可疏松土壤,又可增强土壤肥力;"大树底下好乘凉";"千里之堤,溃于蚁穴"等。

影响：1）生物对环境的影响有有利的方面，也有不利的方面。

2）人类的活动应当以对环境有利为原则。

核心考点 2　生物与环境组成生态系统

1.生态系统的定义和组成

(1)定义

在**一定的空间范围**内，**生物与环境**所形成的统一的整体叫做生态系统。

(2)组成

生物部分：

生产者：主要指能进行光合作用的植物。

消费者：直接或间接以植物为食的生物。

分解者：细菌、真菌等营腐生生活的生物。

非生物部分：

阳光、空气、温度、土壤和水等非生命的物质。

2.食物链和食物网

食物链：在生态系统中，不同生物之间由于吃与被吃的关系而形成的链状结构。

食物网：在一个生态系统中，往往有很多条食物链，它们彼此交错连接，形成食物网。

物质循环：物质在生态系统中是循环利用的。

考霸笔记

有关食物链的书写要点

在食物链的组成成分中，不包括分解者和非生物成分，它只反映出生产者与消费者、消费者与消费者之间，由于捕食与被捕食而发生的联系。

数食物链时，要从起始端（绿色植物）数起，每条食物链都要数到底，不能漏数，但也不能将一个箭头看作一条食物链。

能量流动:能量沿食物链、食物网流动,**但只经过一次,且逐级递减。**

3.生态系统的自动调节能力

1)生态系统的自动调节能力是有一定限度的。

2)生态系统的生物种类越多,结构越复杂,调节能力越强。

核心考点 3 生物圈是最大的生态系统

1.生物圈

(1)组成

大气圈的底部:生活着飞行的鸟类和昆虫。

水圈的大部:生活着多种生物。

岩石圈的表面:是一切陆地生物的"立足点"。

(2)范围

以海平面划分,生物圈向上可达 10 千米的高度,向下可达 10 千米的深度。

2.多种多样的生态系统

草原:分布于较干旱地区,以草本植物为主,动植物种类相对较少,有保持水土、防风固沙等作用。

湿地:是多水和过湿的条件下形成的生态系统,有净化水质、蓄洪抗旱的作用,被称为**"地球之肾"**。

考霸笔记

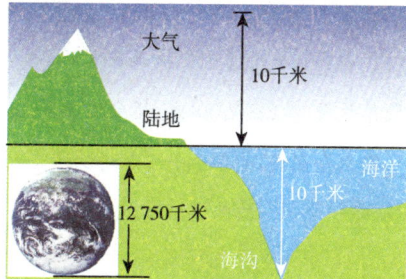

生物圈的范围

考霸笔记

　　生物圈为生物生存提供基本的条件：营养物质、水、空气、阳光、适宜的温度、一定的生存空间。生物圈是最大的生态系统，是一个统一的整体。

　　海洋：动植物种类很多，能吸收大量的二氧化碳，对碳-氧平衡起着重要的作用。

　　森林：分布在湿润或较湿润地区，动植物种类繁多，较稳定，被誉为"绿色水库"。

　　淡水：河流、湖泊或池塘等淡水水域，对气候的调节具有重要的作用。

　　农田：人工建立的生态系统，生物种类相对较少，以农作物为主。人起着关键的作用，离开了人的管理就会崩溃。

　　城市：人工建立的生态系统，植物种类和数量少，植被覆盖率低，对人类依赖度高。

3.生物圈是一个统一的整体

　　1)从非生物因素来说：阳光普照所有的生态系统，大气在不停地有规律地环流，水和水蒸气也在全球范围内运动，地球上所有的生态系统都受这些因素的影响。

　　2)从地域关系来说：各种生态系统是相互关联的。

　　3)从生态系统中的生物来说：许多微小的生物、种子随着大气运动而到达不同的生态系统，人类的活动更为广泛。

专题三 细胞是生命活动的基本单位

核心考点 1 显微镜的结构及功能

1.结构图

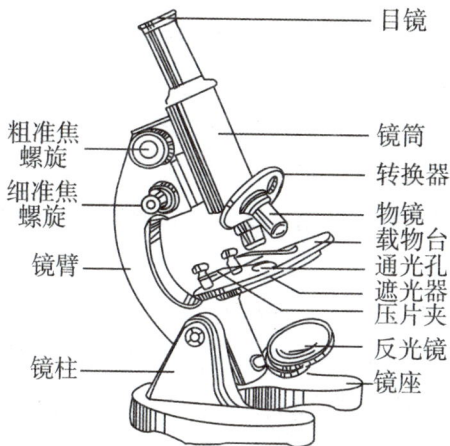

目镜

镜筒

转换器

物镜
载物台
通光孔
遮光器
压片夹

反光镜

镜座

粗准焦螺旋

细准焦螺旋

镜臂

镜柱

考霸笔记

虎克制造的显微镜

英国物理学家罗伯特·虎克的研究工作使显微镜变得流行。1665 年,虎克自己设计制造了一架由上下两块透镜组成的复式显微镜,观察了栎树皮的薄片,第一次描述了植物细胞的构造,并为这些蜂巢状的小室起名为"cellar"。细胞的英文"cell"即为他所定名,一直沿用至今。

其实,他所观察到的只是纤维质的细胞壁,并非完整的活细胞,但这一发现推动了显微镜的发展。

考霸笔记

显微镜结构识记口诀

目镜物镜反光镜，

镜座镜柱和镜臂，

镜筒下连转换器，

准焦螺旋分粗细，

载物台上压片夹，

通光孔下遮光器。

2.功能

镜座：稳定镜身。

镜柱：支持镜座以上的部分。

镜臂：握镜的部位。

载物台：放置玻片标本的地方。中央有通光孔，两旁各有一个压片夹，用于固定装片或玻片。

遮光器：上面有大小不等的圆孔，叫光圈。每个光圈都可以对准通光孔，用来调节光线的强弱。

反光镜：可以转动，使光线经过通光孔反射上来。其两面是不同的：光强时使用平面镜，光弱时使用凹面镜。

镜筒：上端装目镜，下端有转换器，在转换器上装有物镜，后方有准焦螺旋。

准焦螺旋：粗准焦螺旋（转动时镜筒升降的幅度大）；细准焦螺旋（转动时镜筒升降的幅度小）。

目镜：接近人眼睛的镜头，上面标有"5×"或"15×"等字样，表示目镜放大 5 倍或 15 倍。目镜长度与放大倍数呈负相关。

物镜：接近观察物体的镜头，上面标有"4×"或"40×"等字样，表示物镜放大 4 倍或 40 倍。物镜长度与放大倍数呈正相关。

3.重要结论

1)**显微镜的放大倍数**等于**目镜和物镜的放大倍数的乘积。**

2)显微镜物像和实物是**上下左右都相反的**(从目镜内看到的物象是倒像)。

3)要将视野中的某个方向的物像移到视野的中央,玻片就往那个方向移动(例如:要将视野中左上角的物像移到视野的中央,玻片就往左上角移动)。

4)**放大倍数越小,**视野范围越大,**看到细胞数目越多,**物像越小,视野越亮;**放大倍数越大,**视野范围越小,**看到细胞数目越少,**物像越大,视野越暗。

5)目镜长度与放大倍数呈负相关,**目镜越长,放大倍数越小。**物镜长度与放大倍数呈正相关,**物镜越长,放大倍数越大。**

核心考点 *2* 显微镜的使用

1.取镜和安放

一只手握住**镜臂**,另一只手托住**镜座**。把显微镜放在实验台距边缘 7 cm 左右处,略偏左。安装好目镜和物镜。

2.对光

转动转换器,使**低倍物镜对准通光孔**(物镜前端与载物台要保持 2 cm 左

考霸笔记

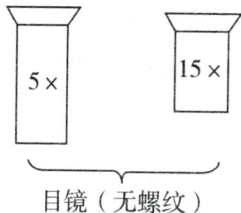

目镜(无螺纹)

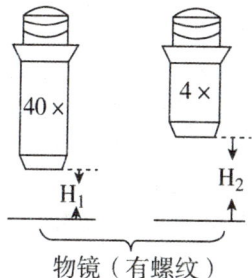

物镜(有螺纹)

考霸笔记

显微镜使用注意事项

视野中的污点主要有三种情况：**物镜上，目镜上，装片上**。更换或转动目镜，如果污点随之消失或移动，则污点在目镜上；移动玻片标本，污点随之移动，则污点在玻片标本上；如果前两次都不能移动污点，则污点很可能在物镜上。

光线依次要通过**反光镜、光圈、通光孔、玻片标本、物镜、镜筒、目镜**，才能进入到人的眼睛。

低倍镜下观察到的物像清晰，换上高倍物镜后物像模糊不清，应用**细准焦螺旋**进行调节。

转换物镜时，应**转动转换器**的边缘，不能直接用手扳动物镜。

镜头脏了，只能用**擦镜纸**擦拭。

右的距离）。把一个较大的光圈对准通光孔。左眼注视目镜内，右眼睁开。**转动反光镜**，使光线经过通光孔反射到镜筒内。通过目镜可以看到明亮的圆形视野。

3.观察

把所要观察的玻片标本放在载物台上，用压片夹压住，标本要正对通光孔的中心。**转动粗准焦螺旋**，使镜筒缓缓下降，直到物镜接近玻片标本为止（此时眼睛一定要从侧面看着物镜）。双眼睁开，左眼向目镜内看，同时逆时针方向转动粗准焦螺旋，使镜筒缓缓上升，直到看清像为止。**再略微转动细准焦螺旋**，使看到的物像更加清晰。

4.整理

实验完毕，应该把显微镜的外表擦拭干净，把物镜偏转到两旁，目镜放回镜头盒，把镜筒缓慢下降到最低处，再把显微镜放入镜箱内，送回原处。

核心考点 3　制作临时装片

1.注意事项

材料要**薄而透明**；盖盖玻片时要一边先接触水滴，再缓慢放下，**避免出现气泡，影响观察效果**。

2.制作植物细胞临时装片的步骤

观察洋葱表皮细胞：

1)**擦**：用洁净的纱布将载玻片和盖玻片擦拭干净。

2)**滴**：在载玻片中央滴一滴清水。

3)**撕**：先用刀片在洋葱内表皮划一片，然后用镊子撕下。

4)**展**：把撕下的洋葱内表皮小块在载玻片中央的清水中展平。

5)**盖**：用镊子夹住盖玻片，使它的一侧先接触水滴，然后轻轻放平。

6)**染色**：用滴管吸取稀碘液并滴在盖玻片一侧，同时在另一侧用吸水纸吸引。

7)**观察**：把制作的标本用显微镜观察。

考霸笔记

　　盖盖玻片时，要一边先接触水滴，然后缓缓放平，以防止盖玻片下出现气泡。

　　染色的目的：便于观察细胞内部的各个结构。

3.制作动物细胞临时装片的步骤

观察人的口腔上皮细胞：

1)用干净的纱布把载玻片和盖玻片擦拭干净。

2)用滴管在载玻片的中央滴一滴生理盐水。

3)用消毒牙签在漱净的口腔内侧壁上轻刮几下。

4)将牙签上附有碎屑的一端放在载玻片的生理盐水中均匀地涂抹几下。

5)用镊子夹起盖玻片，使它的一侧先接触载玻片上的水滴，缓缓放平。

6)在盖玻片一侧滴加一滴稀碘液，在另一侧用吸水纸吸引。

4.常见的玻片标本

(1)装片

使用镊子或探针等器具，从生物体的表面撕取或挑选部分材料，也可直接将微小生物制成装片。例如，草履虫装片。

(2)切片

使用刀片等器具，从生物体的某个切面取材制成。例如，叶的横切面切片。

(3)涂片

材料一般是液体，经过涂抹制成。例如，血涂片。

★ 考霸笔记

　　制作动物细胞临时装片时，在载玻片的中央滴一滴生理盐水；制作植物细胞临时装片时，在载玻片的中央滴一滴清水。这些都是为了保持细胞的活性。口腔漱净的目的是清除口腔内的食物残渣，以免影响观察。

核心考点 4　细胞是生命活动的基本单位

　　植物、动物和人体都是由许多细胞构成的。人体的各项功能都是由细胞完成的。所有的细胞都能显示出生命的各种属性,在它们之中进行着新陈代谢活动。植物的光合作用就是在细胞里进行的,细胞内还一直进行着呼吸作用。一切复杂的瞬息万变的生命活动都是依靠细胞进行的。

　　生命存在的一个重要表现是自我繁殖。细胞能通过分裂不断地产生新的细胞,细胞和宏观生命一样,表现出生长、衰老、死亡的过程。这一切说明,细胞是生物体最小的结构和功能单位。

1.植物细胞的结构和各部分结构的作用

　　1)细胞壁:位于植物细胞的最外层。有保护细胞内部结构、维持细胞正常形态的功能。

　　2)细胞膜:一层非常薄的膜,紧贴细胞壁的内侧,在正常情况下,用光学显微镜不易看到它。控制细胞内外物质的出入,保持细胞内各物质的稳定和细胞生命活动正常进行。

　　3)细胞核:近似球形,里面含有遗传物质,染色较深。可传递遗传信息。

　　4)细胞质:细胞膜以内,细胞核以外的透明物质,在生命活动旺盛的细胞中,可看到细胞质是缓缓流动的,这样可加速与外界环境进行物质交换。是进行生命活动的重要场所。

考霸笔记

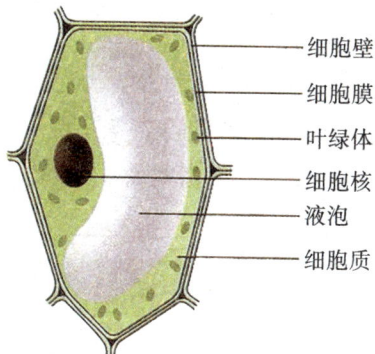

细胞壁
细胞膜
叶绿体
细胞核
液泡
细胞质

植物细胞

5)**叶绿体**:进行**光合作用**的场所。

6)**液泡**:里面有细胞液,细胞液中溶解着多种物质。保持细胞的渗透压和膨胀状态。

7)**线粒体**:细胞进行**呼吸作用**的主要场所。

2.动物细胞的结构和各部分结构的作用

1)**细胞膜**:一层非常薄的膜,在正常情况下,用光学显微镜不易看到它,可以控制物质进出。

2)**细胞质**:细胞膜以内,细胞核以外的透明物质,是生命活动的重要场所。

3)**细胞核**:近似球形,里面含有**遗传物质,染色较深**。

4)**线粒体**:细胞进行**呼吸作用**的主要场所。

3.动、植物细胞结构的异同

考霸笔记

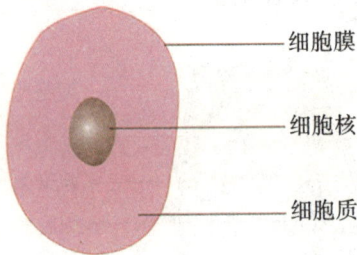

细胞膜

细胞核

细胞质

动物细胞

	植物细胞	动物细胞
相同点	都有细胞核、细胞膜、细胞质和线粒体	
不同点	有细胞壁和液泡,绿色部分的细胞内有叶绿体	没有细胞壁、大液泡和叶绿体

1)植物细胞比动物细胞多了细胞壁、叶绿体和大液泡。

2)植物细胞的液泡中含有细胞液,细胞液的成分有水、无机盐、糖分、色素等。

核心考点 5　细胞的生活

1.细胞的生活需要物质和能量

(1)细胞膜

具有控制物质进出的功能。细胞膜是一层选择透过性膜,可吸收营养物质,排出代谢废物,所以细胞膜并没有把细胞完全封闭。

(2)细胞质中有能量转换器

细胞质中的线粒体和叶绿体在能量转换方面具有重要的作用。叶绿体和线粒体都是细胞中的能量转换器,植物绿色部分两者都有,动物则只有线粒体。

2.细胞核是遗传信息库

(1)遗传信息

包含指导和控制细胞中物质及能量变化的一系列指令,是生物体建造自己生命大厦的蓝图。

(2)染色体

由DNA 和蛋白质组成,是在细胞核内容易被碱性染料染成深色的物质。每一种生物的细胞内,染色体的数目是一定的,染色体的数目恒定对生物正

考霸笔记

　　细胞是一个统一的整体,细胞是动、植物体结构和功能的基本单位。

考霸笔记

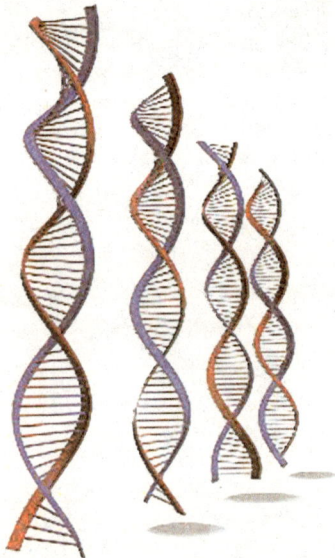

DNA 分子片段

常的生活和繁殖都是非常重要的。细胞是物质、能量和信息的统一体。**细胞核是控制中心,**指导和控制细胞中物质和能量的变化。

(3)**细胞核中有储存遗传信息的物质——DNA**

信息需要物质作载体,**遗传信息的载体主要是 DNA**。DNA 主要存在于细胞核中,结构像一个**螺旋形的梯子**。DNA 分子很长,可以分成许多个片段,某些片段具有特定的遗传信息,如有的片段决定人的血型,有的片段决定人是双眼皮还是单眼皮,这些片段就叫**基因**。

专题四 细胞怎样构成生物体

核心考点 1 细胞通过分裂产生新细胞

1.细胞的生长、分裂和分化

细胞生长：新产生的细胞体积较小，需要不断地从周围环境中吸收营养物质，并且转变成组成自身的物质，使体积逐渐增大，这就是细胞的生长。

细胞分裂：一个细胞分成两个细胞的过程。

细胞分化：在个体发育中，一个或一种细胞通过分裂产生的后代，在形态、结构和生理功能上发生差异性变化的过程。细胞分化的结果是形成了不同的组织。**细胞分裂是细胞分化的基础。**

2.细胞的分裂过程

(1)分裂过程

细胞核先由一个分成两个，随后细胞质分成两份，每份各含有一个细胞

考霸笔记

细胞生长到一定程度，就不再长大了。因为随着细胞体积的增大，其表面积和体积之比不断减小，细胞与外界发生物质交换的效率相对较低，不能满足细胞生长对营养物质的需求，从而使细胞不能无限长大。

核。植物细胞在原来细胞的中央,形成新的细胞膜和细胞壁;动物细胞膜向内凹陷。于是,一个细胞就分裂成了两个细胞。

(2)染色体的变化

在细胞核分裂时,染色体会进行复制,在分裂过程中,染色体分成完全相同的两份,分别进入两个新细胞中,两个新细胞之间、新细胞和原来细胞之间,染色体的形态和数目都相同,由于染色体内有 DNA,故保证了遗传物质的稳定性。

(3)植物和动物细胞分裂过程的不同之处

动物细胞膜向内凹陷,由一个细胞形成两个新细胞;植物细胞在细胞中央的位置形成新的细胞膜和细胞壁,然后一个细胞分裂成两个新细胞。

3.细胞分化与分裂的区别和联系

细胞分化	细胞分化的结果是形成了各种不同的组织	
组织形成的过程	细胞分裂→细胞生长→细胞分化→形成组织	
细胞分化与分裂的区别	细胞分裂:细胞在数目上的增加 细胞分化:细胞在形态、结构和生理功能上的变化	

细胞分裂　　细胞分化

考霸笔记

　　细胞分裂的结果是使细胞数目增多,细胞生长的结果是使细胞体积增大,这样生物体就可以由小长大。

核心考点 2　动物体的结构层次

1.动物体的结构层次

(1)组织

组织是由形态相似,结构、功能相同的细胞联合在一起形成的细胞群。包括上皮组织、结缔组织、肌肉组织、神经组织,其中分布最广泛的是结缔组织。

(2)器官

器官是不同的组织按照一定的次序结合在一起,形成具有一定功能的结构,如人的胃、肠、肝、肾、心脏等。器官一般由四种基本组织构成,并且以某种组织为主。

(3)系统

能够共同完成一种或几种生理功能的多个器官按照一定的次序组合在一起构成系统。

2.人体的四大基本组织

考霸笔记

动物体的结构层次:细胞→组织→器官→系统→动物体。

组织的名称	细胞构成	主要功能	分 布
上皮组织	上皮细胞	保护和分泌	体表、体内管腔的内表面

续表

组织的名称	细胞构成	主要功能	分　布
肌肉组织	主要是肌细胞	收缩、舒张	骨骼肌、心肌
神经组织	主要是神经细胞	产生和传导兴奋	神经系统内
结缔组织	种类很多	支持、连接、保护、营养	遍布全身,分布最广

考霸笔记

人体内有八大系统,它们协调配合,使人体内各种复杂的生命活动能够正常进行,因此说人体是一个统一的整体。

运动系统:运动、支持和保护。

循环系统:运输体内物质。

消化系统:消化食物和吸收营养物质。

呼吸系统:吸入氧气和呼出二氧化碳。

泌尿系统:泌尿和排尿。

神经系统:调节人体的生理活动。

内分泌系统:分泌激素。

生殖系统:生殖。

核心考点 3　植物体的结构层次

1.植物体的结构层次

1)绿色开花植物即被子植物,生长发育是从受精卵开始的。

2)受精卵经过细胞分裂、分化,形成组织、器官,进而形成植物体。(细胞→组织→器官→植物体)

细胞:植物结构和功能的基本单位。

组织:分生组织、保护组织、输导组织、营养组织、机械组织。

器官:由不同的组织按照一定的次序结合起来,形成具有一定功能的结构。营养器官包括根、茎、叶;生殖器官包括花、果实、种子。

3)绿色开花植物是由根、茎、叶、花、果实、种子六大器官组成。

2.植物体的几种主要组织

1)**保护组织**:由表皮细胞构成,具有保护内部柔嫩部分的功能。例如,洋葱鳞片叶表面。

2)**营养组织**:细胞壁薄,液泡较大,有储藏营养物质的功能;含有叶绿体的营养组织还能进行光合作用。例如,番茄果肉。

3)**分生组织**:由具有分裂能力的细胞构成。其细胞的特点是细胞小,细胞壁薄,细胞核大,细胞质浓,具有很强的分裂能力,能够不断分裂产生新的细胞,再由这些细胞分化形成其他组织。

4)**输导组织**:包括导管和筛管。导管能够运输水和无机盐,筛管能够运输有机物。

5)**机械组织**:机械组织是细胞壁明显增厚的一群细胞,有支持植物体或增加其巩固性。

考霸笔记

绿色开花植物的六大器官不是同时出现的,在植物幼苗时,没有花、果实和种子;到开花时,果实种子还未形成。

核心考点 4 单细胞生物

1.单细胞生物

单细胞生物的特点是整个身体只由**一个细胞**构成,是生物界较原始、较微小、结构较简单的一类生物。如酵母菌、草履虫、衣藻、眼虫和变形虫等。

考霸笔记

单细胞生物与人类生活的关系

有益方面:浮游生物有许多是单细胞生物,是鱼类的天然饵料;草履虫可吞食细菌,对净化污水有一定作用。

有害方面:疟原虫、痢疾内变形虫等寄生在人体内,危害人体健康;海水中的某些单细胞生物大量繁殖会造成赤潮,破坏水体环境。

2.用显微镜观察草履虫

(1)步骤

将载玻片擦拭干净,从培养液的表层吸一滴培养液,放在载玻片上,在液滴中放几丝棉花纤维,盖上盖玻片,观察。

(2)现象

草履虫像一只倒转的草鞋底,靠纤毛的摆动,在水中旋转前进。

(3)草履虫的结构

草履虫就是一个细胞,由细胞膜(表膜)、细胞质和细胞核(大核和小核)组成,在细胞质中还有一些其他结构,如右图所示。

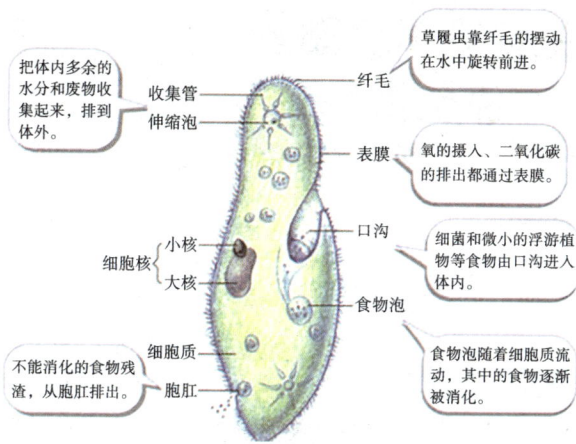

把体内多余的水分和废物收集起来，排到体外。

收集管
伸缩泡

草履虫靠纤毛的摆动在水中旋转前进。

纤毛

表膜

氧气的摄入、二氧化碳的排出都通过表膜。

口沟

细菌和微小的浮游植物等食物由口沟进入体内。

细胞核 小核 大核

食物泡

不能消化的食物残渣，从胞肛排出。

细胞质
胞肛

食物泡随着细胞质流动，其中的食物逐渐被消化。

草履虫的结构

3.草履虫的生活

1）**运动**：靠表膜上的纤毛的摆动，在水中旋转前进。

2）**取食和消化**：通过口沟取食，靠食物泡消化。不能消化的食物残渣，通过胞肛排出体外。

3）**呼吸和排泄**：通过表膜呼吸，靠表膜、收集管和伸缩泡完成排泄。

4）**对外界刺激的反应**：草履虫能够趋向有利的刺激，逃避有害的刺激，这种反应称为**应激性**。

考霸笔记

草履虫大多集中在培养液的表层，因为表层氧气多，有利于呼吸。在培养液中放几丝棉花纤维的目的是限制草履虫的运动，便于观察。

细胞质中的食物泡有多个，随着细胞质的流动，其中的食物逐渐被消化，食物泡也越来越小。

草履虫一方面具有细胞的基本结构，另一方面具有生物所表现出的各种生理功能，如运动、消化、呼吸、排泄、生殖等，是一个能够独立生活的个体。

专题五 生物圈中有哪些绿色植物

常见藻类植物

衣藻（单细胞）

水绵（多细胞）

核心考点 1 藻类植物

1.藻类植物的主要特征

结构简单，是单细胞或多细胞个体，**无根、茎、叶等器官**的分化；细胞里**有叶绿体**，能进行光合作用，**大都生活在水中**。藻类植物通过光合作用制造的有机物可以作为鱼的饵料，放出的氧气可供鱼类呼吸，也是大气中氧气的重要来源。

2.藻类的经济意义

1）海带、紫菜、海白菜等可食用。

2）从藻类植物中提取的碘、褐藻胶、琼脂等可供工业、医药上使用。

核心考点 2　苔藓植物

1.苔藓植物的主要特征

1)**一般具有类似茎和叶的分化**,但茎中没有导管,叶中没有叶脉。

2)只有短而细的**假根**,植株一般都比较矮小。**通常叶只有一层细胞**,含有叶绿体,能进行光合作用,也能吸收水分和无机盐。

2.苔藓植物的作用

苔藓植物对二氧化硫等有毒气体十分敏感,在污染严重的城市和工厂附近很难生存。人们利用这个特点,把苔藓植物当作监测空气污染程度的指示植物。

核心考点 3　蕨类植物

1.蕨类植物的主要特征

1)**有了真正的根、茎和叶。**

2)根、茎、叶里有输导组织和机械组织,所以植株长得比苔藓植物高大。

3)叶的背面长有褐色的隆起,里面含有大量的**孢子**。孢子是一种生殖细胞,成熟后从孢子囊中散放出来,如果环境适宜时,可以萌发成新个体。

考霸笔记

常见苔藓类植物——葫芦藓

常见蕨类植物——肾蕨

考霸笔记

　　藻类、苔藓和蕨类植物都能够产生孢子,靠孢子繁殖后代,因此把它们称为**孢子植物**。

2.蕨类植物的经济意义

1)有些可供食用。

2)有些可供药用。

3)有些可供观赏。

4)有些可作为优良的绿肥和饲料。

5)古代的蕨类植物的遗体经过漫长的年代,变成了煤。

核心考点 4　种子植物

1.种子的结构

(1)双子叶植物种子的结构和功能(以菜豆种子为例)

　　双子叶植物种子的**胚**具有**两片子叶,无胚乳**,例如:蚕豆、花生、大豆、菜豆。菜豆种子由**种皮和胚**组成,其中胚由**胚芽、胚轴、胚根和子叶**组成。

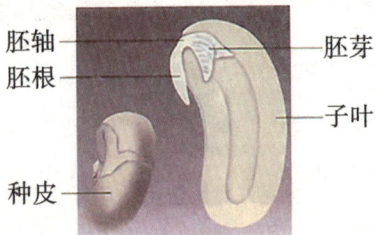

菜豆种子的结构

种皮:保护内部结构

胚 {
子叶:2片,肥厚,贮存营养物质
胚芽:发育成茎、叶
胚轴:发育成连接根、茎的部分
胚根:发育成根
}

(2)单子叶植物种子的结构和功能(以玉米种子为例)

单子叶植物种子的胚具有**一片子叶,有胚乳**,例如:水稻、小麦、高粱、玉米。玉米种子外面的**果皮和种皮**紧密连在一起,不易分开,内部由**胚和胚乳**组成,其中胚由**胚芽、胚轴、胚根和子叶**组成。

$$
\left\{
\begin{array}{l}
种皮:和果皮紧贴在一起,保护内部结构\\
胚乳:贮存营养物质\\
胚\left\{
\begin{array}{l}
子叶:1片,不肥厚,转运营养物质\\
胚芽:发育成茎、叶\\
胚轴:发育成连接根、茎的部分\\
胚根:发育成根
\end{array}
\right.
\end{array}
\right.
$$

(3)菜豆种子和玉米种子的异同点

	相同点	不同点
菜豆种子	都有种皮和胚,胚由胚芽、胚根、胚轴和子叶构成	无胚乳,营养物质贮藏在子叶里,子叶两片
玉米种子		有胚乳,营养物质贮藏在胚乳里,子叶一片,果皮和种皮连接得很紧密

考霸笔记

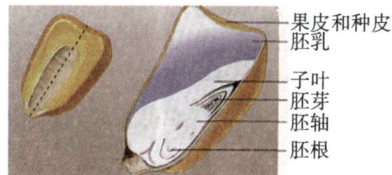

玉米种子的结构

1)种子的主要部分是胚,因为它是新植物的幼体。

2)我们平时吃的面粉和大米都是来自小麦和水稻种子的胚乳。

3)我们平时吃的花生仁和花生油都是来自花生种子的子叶。

4)市场上卖的绿豆芽主要是由绿豆种子的胚轴发育而来。

5)玉米、水稻和小麦等的种子,由于它们具有果皮,所以,严格地说应称为果实而不是种子。

2.裸子植物和被子植物

(1)裸子植物

概念:**种子是裸露的**,外面**没有果皮包被**的植物。

常见的种类:松、柏、银杏、银杉、水杉、苏铁。

(2)被子植物

概念:**种子外面有果皮**,种子被包在果皮之中,这样的植物称为被子植物。

常见的种类:刺槐、小麦、水稻、牡丹等。

果实由**果皮**和**种子**组成。果皮有保护种子和适于种子传播的作用。

3.种子与孢子的比较

名称 内容	种子	孢子
存在	种子植物(包括裸子植物和被子植物)	孢子植物(包括藻类植物、苔藓植物、蕨类植物)
构成	由多种组织构成的器官,其结构包括种皮、胚等	只是一个细胞
功能	发育为新植物体	

考霸笔记

松的球果不是果实,而是鳞片构成的着生种子的结构,种子着生在鳞片的基部。

专题六　被子植物的一生

核心考点 1　被子植物的一生

被子植物生长发育的**起点是受精卵**，一生要经历：

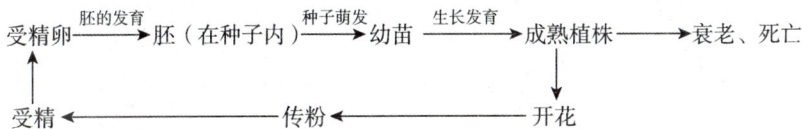

受精卵 —胚的发育→ 胚（在种子内）—种子萌发→ 幼苗 —生长发育→ 成熟植株 → 衰老、死亡

受精 ← 传粉 ← 开花

考霸笔记

裸子植物和被子植物的根本区别在于胚珠是否裸露，有无子房壁包被。

被子植物的果实常有一些适于传播的特点：有些果实表面有翅或毛，适于随风飘扬，如杨树和柳树；有些果实表面有刺毛或黏液，能够黏附在动物的体表传播，如苍耳、鬼针草等。

考霸笔记

　　被子植物的叶是最容易发生变异的器官;根生长在土壤中,不易观察,挖掘时易损伤,而且受土质影响,容易发生变态。只有花、果实和种子在植物的一生中出现得较晚,也不易发生变异,相对较为稳定,所以,被子植物分类的重要依据是花、果实和种子。

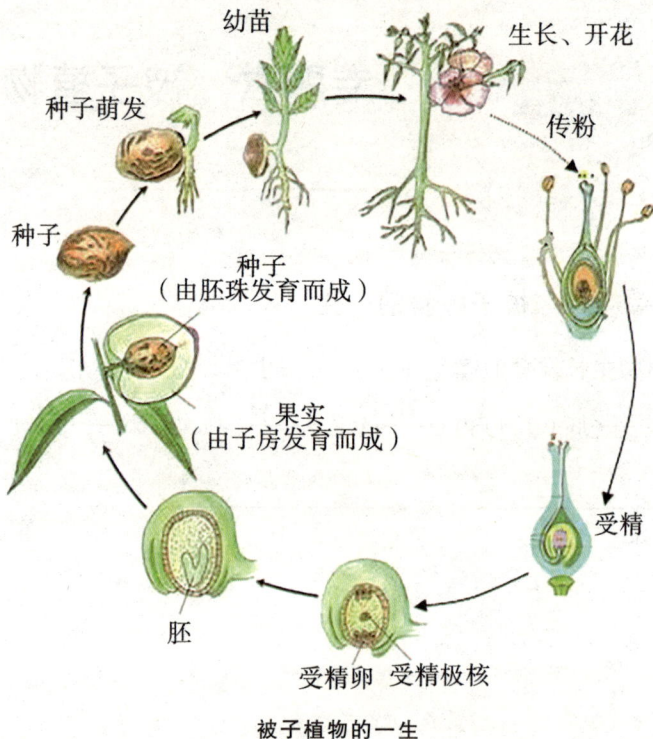

幼苗　　生长、开花

种子萌发　　　传粉

种子

种子
(由胚珠发育而成)

果实
(由子房发育而成)

受精

胚

受精卵　受精极核

被子植物的一生

36

核心考点 2　种子的萌发

1.种子萌发的条件

(1)外因条件

适宜的温度:种子的胚乳或子叶中贮藏着丰富的营养物质,这些营养物质是种子萌发时所需要的物质,而物质和能量的转化必须在一定的温度范围内进行,因此种子萌发需要适宜的温度。

一定的水分:干燥的种子含水量少,很多重要的生理活动无法进行,所以种子萌发需要一定的水分。

充足的空气:种子萌发不仅需要营养物质,同时需要能量,而能量来源于呼吸作用。

(2)自身条件

种子具有**完整的、有生命力**的**胚**。

有充足的供胚生长发育的**营养物质**。

种子要**度过休眠期**。

考霸笔记

干瘪的种子、被虫咬坏、已死亡的、储藏时间过长和正在休眠的种子不能萌发。

2."种子萌发环境条件"实验的探究

考霸笔记

早春时节,我国北方多用地膜覆盖种田,以促进种子的萌发,用这种方法有利于提高地温。

"椿树蓬头浸谷种"这句谚语强调了适宜的温度对种子萌发的重要性。

1千克绿豆可以发出近10千克豆芽,在这个过程中,绿豆种子中的有机物减少,水分增多。

内容 \ 编号	1号	2号	3号	4号
处理方式	不洒水,拧紧瓶盖	洒入少量的清水,使餐巾纸湿润,然后拧紧瓶盖	倒入较多水,淹没种子,然后拧紧瓶盖	洒入少量的清水,使餐巾纸湿润,然后拧紧瓶盖
	置于室温环境中	置于室温环境中	置于室温环境中	放在低温处
所控制的实验条件	缺少水分	充足的水分、充足的空气和适宜的温度	缺少空气,水分充足,温度适宜	温度过低,水分充足,空气充足
实验结果	未萌发	种子长成幼苗	未萌发	未萌发
实验结论	实验表明种子萌发的外界条件是适宜的温度、充足的空气和一定的水分			

3.种子的萌发过程

(1)种子萌发的过程

种子萌发先**吸水**。

子叶或胚乳把**营养物质转运**给胚根、胚芽、胚轴。

胚根发育,突破种皮,形成根,**胚芽发育成茎和叶**。

(2)农业应用

发芽率是指萌发的种子占供检测种子的百分数,重复测 2 次(共 3 次),取其平均值。种子的发芽率在 90% 以上可以作为播种用。

核心考点 3　植株的生长

1.幼根的生长

(1)根尖的结构及主要功能

根生长在土壤中,起固定植株,吸收水分和无机盐,以及贮存养料的作用。

考霸笔记

　种子吸水后,呼吸作用比较旺盛,储存的有机物可分解成可以供胚利用的小分子物质。

考霸笔记

　　种子萌发不需要从外界获得养料,养料由胚乳或子叶提供;但后期的生长需要从外界(土壤)吸收营养。

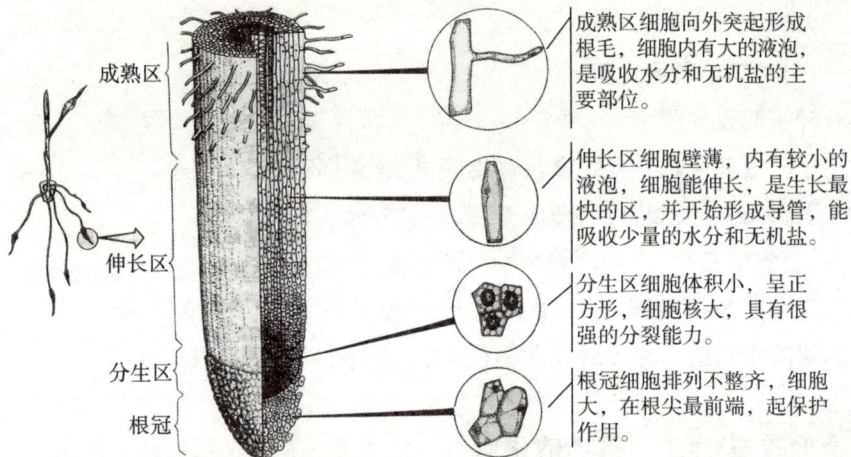

成熟区细胞向外突起形成根毛,细胞内有大的液泡,是吸收水分和无机盐的主要部位。

伸长区细胞壁薄,内有较小的液泡,细胞能伸长,是生长最快的区,并开始形成导管,能吸收少量的水分和无机盐。

分生区细胞体积小,呈正方形,细胞核大,具有很强的分裂能力。

根冠细胞排列不整齐,细胞大,在根尖最前端,起保护作用。

根尖的结构及主要功能

(2)根的长度不断增加的原因

1)**分生区**的细胞不断分裂使细胞数目增多。

2)**伸长区**的细胞不断生长,体积增大。

2.芽的生长发育

1)**枝条**是芽发育成的。

2)芽中有**分生组织**,芽在发育时,分生组织的细胞分裂和分化,形成新的枝条,它是由幼嫩的茎、叶和芽组成的,枝条上的芽又能发育成新的枝条。

3)芽按照着生位置可分为顶芽和侧芽。顶芽是指着生在主干顶端或侧枝顶端的芽;侧芽是指着生在主干侧面或侧枝侧面的芽。按照发育情况可分为叶芽、花芽、混合芽。叶芽是指将来发育成枝叶的芽;花芽是指将来发育成花的芽;混合芽是指将来发育成枝叶和花的芽。

3.植株的生长需要营养物质

(1)营养物质

细胞分裂与生长需要不断补充营养物质——水、无机盐和有机物。水分和无机盐由根从土壤中吸收,有机物由叶通过光合作用制造。

植物在生长过程中,需要多种无机盐,但不同的植物对无机盐的需要量不同,同一植物在不同的生长期,对无机盐的需要量也不相同。

(2)含氮、磷、钾无机盐的缺乏症

氮:促进细胞分裂、生长,使枝叶繁茂。缺乏时,植株矮小,叶片发黄,严重时叶脉呈淡棕色。

磷:促进幼苗的发育和花的开放,使果实、种子提早成熟。缺乏时,植株特别矮小,叶片呈暗绿色,并出现紫色。

钾:使茎干健壮,促进淀粉的形成。缺乏时,茎秆软弱,易倒伏,叶片边缘和尖端呈褐色,并逐渐焦枯。

考霸笔记

幼叶发育成叶
芽轴发育成茎
芽原基发育成芽

叶芽的结构及其发育

考霸笔记

无土栽培

无土栽培是指不用天然土壤栽培作物,而将作物栽培在营养液中,这种营养液可以代替天然土壤向作物提供适宜的水分、养分、氧气、温度,使作物能够正常生长并完成其整个生命周期。无土栽培无须依赖土壤,它是将作物种植在装有营养液的一定栽培装置中,或是在充满营养液的砂、砾石、蛭石、珍珠岩、稻壳、炉渣、岩棉、蔗渣等非天然土壤基质材料做成的种植床上,因其不用土壤,所以称为无土壤栽培。

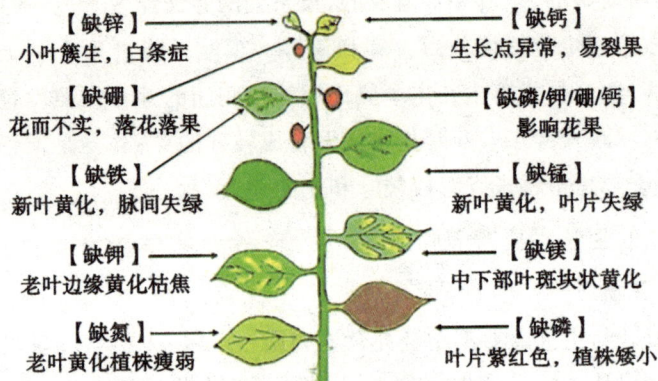

【缺锌】
小叶簇生,白条症

【缺硼】
花而不实,落花落果

【缺铁】
新叶黄化,脉间失绿

【缺钾】
老叶边缘黄化枯焦

【缺氮】
老叶黄化植株瘦弱

【缺钙】
生长点异常,易裂果

【缺磷/钾/硼/钙】
影响花果

【缺锰】
新叶黄化,叶片失绿

【缺镁】
中下部叶斑块状黄化

【缺磷】
叶片紫红色,植株矮小

常见无机盐缺乏症的表现

核心考点 4　开花和结果

1.花的结构

花是由花芽发育而来的,花的结构:

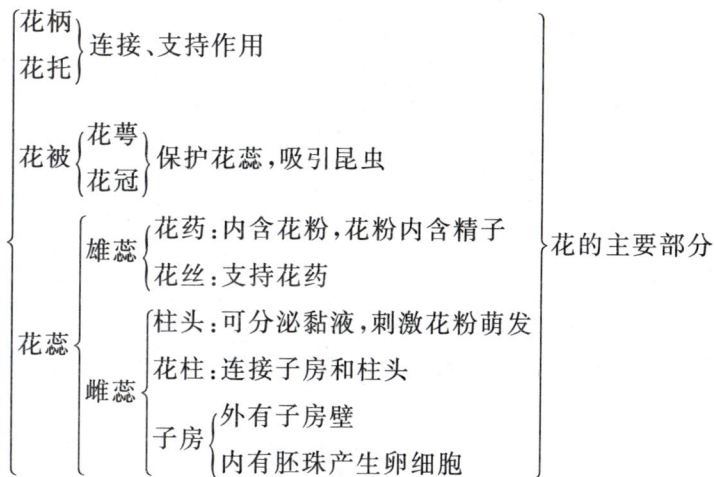

$$
\begin{cases}
\begin{cases} 花柄 \\ 花托 \end{cases} 连接、支持作用 \\[2ex]
花被 \begin{cases} 花萼 \\ 花冠 \end{cases} 保护花蕊,吸引昆虫 \\[2ex]
花蕊 \begin{cases}
雄蕊 \begin{cases} 花药:内含花粉,花粉内含精子 \\ 花丝:支持花药 \end{cases} \\[3ex]
雌蕊 \begin{cases} 柱头:可分泌黏液,刺激花粉萌发 \\ 花柱:连接子房和柱头 \\ 子房 \begin{cases} 外有子房壁 \\ 内有胚珠产生卵细胞 \end{cases} \end{cases}
\end{cases}
\end{cases}
$$

花的主要部分

考霸笔记

花可以分为无性花、完全花和不完全花。

无性花:雄蕊、雌蕊两者都缺,只有花被的花,称为无性花,又叫中性花。

完全花:在一朵花中,花萼、花冠、雄蕊、雌蕊四部分俱全的,叫作完全花,如白菜花、桃花。

不完全花:在一朵花中,花萼、花冠、雄蕊、雌蕊四部分缺少其中一至三部分的,叫作不完全花。如南瓜花、黄瓜花缺雄蕊或雌蕊;杨树花、柳树花缺萼片、花瓣、雌蕊或雄蕊。

考霸笔记

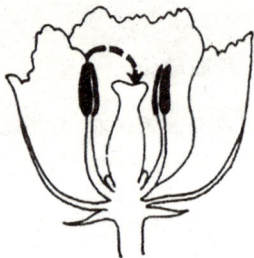

我"自力更生"

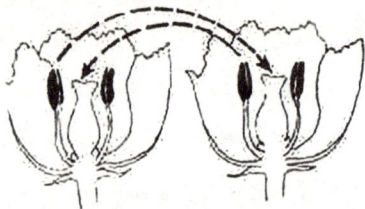

我们"团结互助"

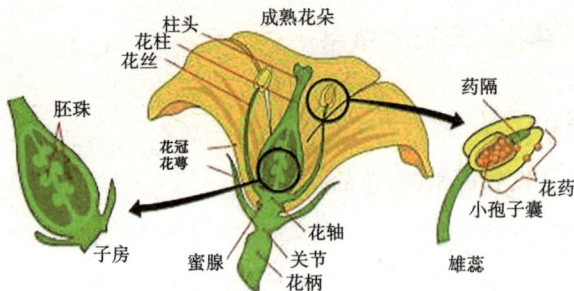

花的结构

2.果实和种子的形成

(1)传粉

被子植物生长到一定时期就会开花,花药成熟后会自然裂开,散放出花粉。花粉从花药落到雌蕊柱头上的过程,叫作传粉。传粉分为自花传粉和异花传粉。

自花传粉是指一朵花的花粉,从花药散放出去以后,落到同一朵花的柱头上的传粉现象,如小麦、水稻、豌豆、番茄等。

异花传粉是指花粉靠外力(如风力、水力或者昆虫)落到另一朵花的柱头上的传粉方式,如油菜、向日葵等。

(2)受精

受精是指花粉粒中的精子与胚珠内的卵细胞结合形成受精卵的过程。

受精过程：雌蕊成熟(柱头上分泌黏液)→传粉(花粉落在雌蕊柱头上)→花粉管萌发(花粉受黏液刺激,萌发形成花粉管,花粉管中含有精子)→花粉管伸长(花粉管穿过花柱,进入子房,再通过珠孔进入胚珠)→花粉管破裂(花粉管顶端破裂,精子移动出来)→受精(胚珠中的卵细胞与来自花粉管中的精子结合形成受精卵)。

(3)果实和种子的形成

花粉落到柱头上以后,在柱头上黏液的刺激下开始萌发,长出花粉管。花粉管穿过花柱,进入子房,一直到达胚珠。胚珠里面有卵细胞,它跟来自花粉管的精子结合,形成受精卵。受精(精子与卵细胞融合成受精卵的过程)完成后,花瓣、雄蕊以及柱头和花柱纷纷凋落,唯有子房继续发育,最终成为果实。

考霸笔记

两个精子分别与卵细胞和极核相融合的现象叫双受精,双受精现象是绿色开花植物特有的生理现象。

考霸笔记

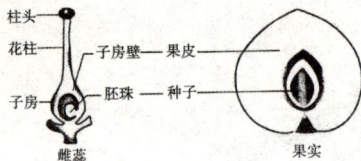

果实的结构及来源示意图

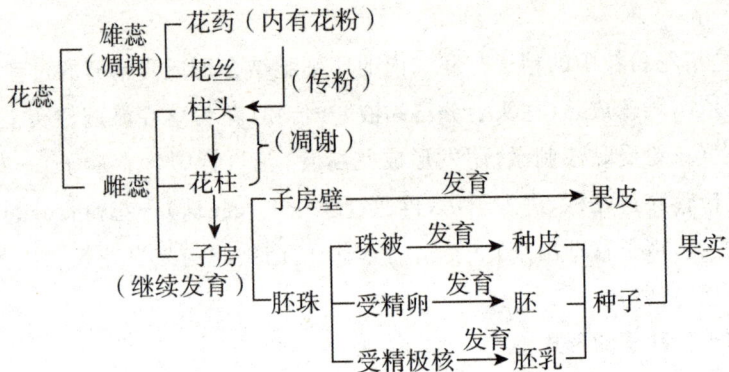

专题七 绿色植物与生物圈的水循环

核心考点 1 **绿色植物的生活需要水**

1.植物生活为什么需要水

1)水是植物体的重要组成部分。

2)水分能使植物体保持固有的姿态。

3)水分是植物体吸收和运输物质的溶剂。

4)水参与植物体内的新陈代谢。

2.水影响植物的分布

水在生物圈中的分布是不均匀的,这直接影响着植物的分布。我国从东北到西北,由于降雨量逐渐减少,气候从湿润到干旱,植物的分布也呈现由森林、草原到荒漠的变化。

可概括为:

1)缺少水的地方易形成沙漠。

考霸笔记

同一植物在不同生长时期需水量不同。

同一植物的不同器官含水量有较大差异,一般在植物生命活动较旺盛的部分,水分的含量较多。

不同植物的一生需要水的量不一样。

2）**水相对较多**的地方易形成**草原**。

3）**水分充足**的地方易形成**森林**。

核心考点 2　水分进入植物体内的途径

1.根适合吸水的特点

1）水分和无机盐由根从土壤中吸收,根吸水的主要部位是**根尖**(指根的顶端到生有根毛的一段)**的成熟区**。

2）根适于吸水的特点:

①**成熟区有大量根毛**,使根的吸收面积大大增加,是根吸收水分和无机盐的主要部位。

②根毛细胞的**细胞壁很薄,细胞质很少,液泡很大**。

③伸长区和成熟区都可以吸收水分和无机盐。

2.水分的运输途径

1）水分运输途径:水分被吸收后进入成熟区内的导管,通过**导管向上运输**,进入茎内的导管和叶内的导管等,然后到达植物体的各个器官。

2）茎的结构:从外到内依次是**树皮、形成层和木质部**等。其中在树皮内含有韧皮部,在韧皮部中有筛管,而木质部中有导管。茎的主要作用是**支持**

根　系

由种子的胚根发育而成的根叫主根,从主根上生出的根叫侧根,主根与侧根相连。从茎、叶上生出的根叫不定根。根系是一株植物上所有根的总和。主要由主根和侧根组成的根系叫直根系,直根系主根发达,长而粗,侧根短而细,如菜豆、苹果树的根系;主要由不定根组成的根系叫须根系,须根系主根不发达,不定根多而发达,如玉米、小麦的根系。

作用,以及通过茎中的**导管**把根吸收的水分和无机盐向上运输到叶、花和果实,通过**筛管**把叶制造的有机物向下运输到根部。

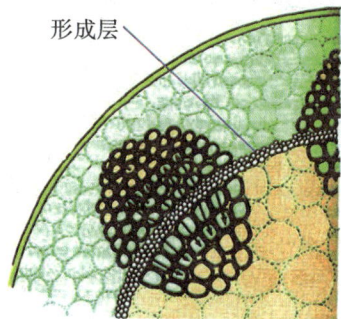

形成层

树皮:起保护作用,内侧为韧皮部,内有筛管与根和叶的筛管相通,是运输有机物的通道,方向自上而下。

形成层:中间的几层细胞,具有分裂能力,向外形成韧皮部,向内形成木质部,有些植物(如小麦、玉米等草本植物)的茎中无形成层,茎杆不能长得很粗。

木质部:内有导管和木纤维,导管是运输水分和无机盐的通道,方向自下而上。

茎的结构

3.导管和筛管的比较

比较项目	分布部位	结构特点		功能
		细胞特征	横壁	
导管	木质部	由许多死的管状细胞上下连接而成	完全消失	由根向上部输送水分和无机盐
筛管	韧皮部	由许多活的管状细胞上下连接而成	有筛孔	由叶向下部输送有机物

考霸笔记

在移栽植物时,一般要带土移栽,尽量减少对幼根和根毛的损伤,防止因吸水不足,造成植物萎蔫。

当土壤溶液的浓度小于根毛细胞液的浓度时,根就会吸水;当土壤溶液的浓度大于根毛细胞液的浓度时,根就会失水,造成植株萎蔫。

考霸笔记

　　根、茎、叶中的导管彼此相通,根、茎、叶里的筛管也是彼此相通的。

核心考点 **3**　蒸腾作用

1.叶片的结构与功能

　　表皮:分上表皮和下表皮,是由表皮细胞构成的,表皮细胞排列紧密、无色透明。不含叶绿体,起保护作用。在叶片表皮中,有半月形的保卫细胞围成的气孔。

　　叶肉:由大量的叶肉细胞构成,叶肉细胞内含有大量的叶绿体,叶绿体中含有叶绿素使叶片呈现绿色。叶肉分为两层,靠近上表皮的是栅栏组织,靠近下表皮的是海绵组织。

　　叶脉:分布在叶肉中,是叶片的"骨架",具有支持作用。在叶脉中有导管和筛管,因此叶脉具有输导作用。

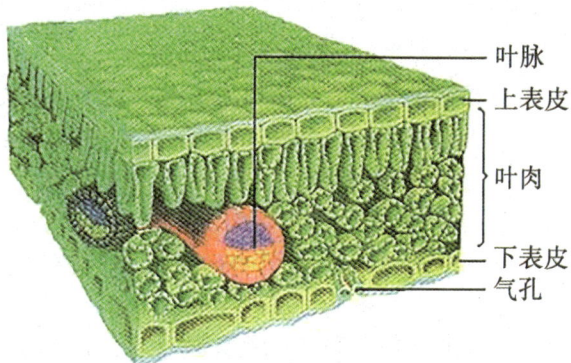

叶片的结构示意图

（叶脉、上表皮、叶肉、下表皮、气孔）

2.蒸腾作用

(1)蒸腾作用的概念

蒸腾作用指植物体内的水分,以水蒸气的形式散失到大气中的过程。植物体主要是通过叶片的**气孔**来散失水分的。

(2)蒸腾作用的过程

土壤中的水分→根、茎、叶中的导管→叶肉细胞间隙→叶面的气孔→大气中(气体)。

考霸笔记

植物的蒸腾量： 植物靠根系从土壤中吸收来的水分，绝大多数要通过蒸腾作用散失到大气中去。例如：一株玉米从出苗到结实的一生中，大约要从土壤中吸收200千克的水，但只有1%真正用于各种生理过程和保留在植物体内，99%的水被蒸腾掉了。

影响蒸腾作用的环境因素：光照强度、环境温度、湿度、空气流动速度等。一般气孔周围的湿度小，气温较高，光照强，则植物的蒸腾作用就强，反之就比较弱。

(3)蒸腾作用的意义

1)**降低**了植物叶片的**温度**，以免被阳光灼伤。

2)促进根对水分和无机盐的吸收及植物体内水分和无机盐的运输。

3)**提高大气湿度**，增加降雨量，促进生物圈水的循环。

(4)蒸腾作用的原理在农业生产上的应用

1)为了提高幼苗的成活率，要选择在阴天或傍晚移栽；移栽后要遮阳或移栽时要去掉植物体部分的枝和叶等，其目的都是为了降低植物体的蒸腾作用，减少水分的散失，以提高幼苗的成活率。

2)夏天，我们走进森林时，有一种凉爽的感觉，这与植物的蒸腾作用有关。

3)植物在白天光合作用、呼吸作用和蒸腾作用都是同时进行的，晚上主要是进行呼吸作用和少量的蒸腾作用。

4)根从土壤中吸收的水分主要用于蒸腾作用，小部分用于植物体的生理活动。

核心考点 4　　绿色植物参与了生物圈的水循环

绿色植物的蒸腾作用能够提高大气的湿度，增加降水。绿色植物通过根部从土壤中吸收水分，绝大部分水分又通过蒸腾作用散失了，从而促进了生物圈中水循环的进行。因此说，**一片森林就是一座"绿色水库"**。

专题八 绿色植物是生物圈中有机物的制造者

核心考点 1 绿叶在光下制造有机物的实验

1) **暗处理**：实验前把盆栽的天竺葵放到黑暗处一昼夜,目的是让叶片内原有的淀粉运走、耗尽。

2) **选叶、遮光并照光**：遮光的目的是和未遮光的部分形成对照实验。

3) **酒精脱色**：把经过处理的叶片摘下,去掉黑纸片,放到酒精中隔水加热,脱去叶绿素,防止叶绿素影响观察效果(绿色会掩盖蓝色)。隔水加热的目的是防止酒精加热发生危险。待叶片变成黄白色时取出,用清水漂洗。

4) **碘液显色**：在已经漂洗的叶片上滴加碘液,稍停后,用清水洗掉碘液,观察叶片遮光部分和未遮光部分的颜色变化。

5) **现象**：未遮光部分叶片变成蓝色,遮光部分的叶片没有变成蓝色。

6) **结论**：①**光**是绿色植物制造有机物不可缺少的条件;②绿叶在光下合成了有机物,主要是**淀粉**。

考霸笔记

这里的光不仅指阳光,灯光也可以。

淀粉遇碘变蓝是淀粉的特性,因此滴加碘液可检验出淀粉的存在。

光照的时间不宜太长,否则见光部分合成的有机物可能运到不见光的部分,使实验失败,光照2~3小时为宜。

核心考点 **2**　　光合作用

1.概念

概念:绿色植物利用光提供的能量,在叶绿体中合成了淀粉等有机物,并把光能转变成化学能,储存在有机物中,这个过程就叫光合作用。

条件:光和叶绿体是光合作用不可缺少的条件。

产物:有机物和氧气。

意义:绿色植物通过光合作用制造的有机物,不仅满足了自身生长、发育、繁殖的需要,而且为生物圈中的其他生物提供了基本的食物来源和能量来源,同时也产生了氧气。

2.关于光合作用的几点知识

光合作用制造有机物:光合作用利用无机物合成有机物,光合作用的产物主要是淀粉等糖类,一部分糖类在植物体内还会转变成蛋白质、脂质等其他有机物。

光合作用在叶绿体中进行:叶肉细胞里含有大量的叶绿体,叶片是绿色植物进行光合作用的主要器官,实际上凡是含有叶绿体的结构都可进行光合作用。

考霸笔记

活的植物体的所有绿色部分都能够进行光合作用,叶片是光合作用的主要器官。

有的植物不呈现出绿色,但含有叶绿素,也能进行光合作用,如紫叶小檗。

光是叶绿素形成的条件,植物体见光部分能形成叶绿素。如萝卜见光部位是绿色的,而埋在土壤里的部位是白色的;蒜黄见光后会变成绿色。

叶片见光部分遇到碘液会变蓝,说明叶片的见光部分产生了有机物淀粉。

光合作用中能量的变化:光能转变成化学能是抽象的过程,绿色植物制造有机物时,把光能转变成化学能储存在有机物中,人吃食物(有机物)并消化吸收后,可分解有机物,能量释放出来,供给人体活动。

表达式:

$$二氧化碳 + 水 \xrightarrow[\text{叶绿体}]{\text{光能}} \underset{(\text{主要是淀粉})}{有机物} + 氧气$$

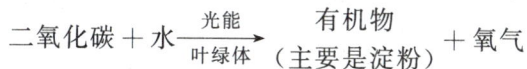

3.光合作用的原理在农业生产上的应用

1)合理密植、立体种植及在菜棚内夜晚增加光照和补充二氧化碳浓度,其目的都是为了提高植物光合作用的效率,促进有机物的形成,从而提高产量。

2)卷心白菜外面的叶子是绿色的,而里面的叶子是黄白色的,这是因为缺少"光照"而影响"叶绿素"的形成,从而说明了"叶绿素"的形成需要"光"。

我内心很"纯洁",不信我剥给你看

考霸笔记

影响光合作用的因素

　　光照强度:光照增强,光合作用随之加强。但光照增强到一定程度后,光合作用不再加强。夏季中午,由于气孔关闭,影响二氧化碳的进入,光合作用强度反而下降,因而中午光照最强的时候,并不是光合作用最强的时候。

　　二氧化碳浓度:二氧化碳是光合作用的原料,其浓度影响光合作用的强度。温室种植蔬菜可适当提高大棚内二氧化碳的浓度,以提高产量。

　　温度:植物在 $10℃\sim35℃$ 条件下正常进行光合作用,其中 $25℃\sim30℃$ 最适宜,$35℃$ 以上光合作用强度随温度升高而下降,甚至停止。

考霸笔记

水生植物的呼吸

水生植物在长期的进化过程中,形成了许多与水生环境相适应的特殊形态或结构。

它们的叶子柔软而透明,有的细裂成丝状(如金鱼藻),丝状叶可以大大增加与水的接触面积,使叶子最大限度地得到水里溶解的氧气等物质。

水生植物的另一个突出特点是具有发达的通气组织,如藕,它的叶柄和根状茎中有很多孔眼,这就是通气道,里面充满了空气。孔眼和孔眼相连,彼此贯穿形成一个输送气体的通道网。这样,即使在不含氧气或氧气缺乏的污泥中,仍可以生存下来。

另外,一些漂浮在水面的叶(如莲),由于其上表面直接接触空气,因此,它们的气孔通常只存在于叶的上表面,且数目较多。

核心考点 3 绿色植物对有机物的利用

1.有机物为植物的生命活动提供能量演示实验

(1)种子萌发过程中产生热

种子在萌发过程中,有机物发生变化,**释放出能量**。一部分能量用于种子萌发,一部分以热能的形式散失,使温度计的示数升高。

(2)种子萌发过程中产生二氧化碳

种子萌发过程中产生的气体能使澄清的石灰水变浑浊,这说明产生的气体是**二氧化碳**,同时种子萌发的过程中,有机物彻底分解还产生了水。

(3)种子萌发过程中吸收氧气

在萌发种子的瓶中,燃烧的蜡烛熄灭,说明瓶中缺少氧气,因此种子萌发过程中**吸收了氧气**。

2.呼吸作用

(1)概念

细胞利用氧气,将有机物分解成二氧化碳和水,并且将储存在有机物中的能量释放出来,供生命活动需要,这个过程叫**呼吸作用**。

(2)场所

主要在<u>线粒体</u>内进行。

(3)意义

呼吸作用释放出的能量,一部分是植物进行各项生命活动不可缺少的动力,一部分转变成热能散失出去。

(4)实质

分解有机物,释放能量。

(5)表达式

$$\text{有机物(储存能量)}+\text{氧气}\longrightarrow\text{二氧化碳}+\text{水}+\text{能量}$$

(6)呼吸作用的原理在生产、生活中的应用

1)种子的贮存要彻底晒干,以降低呼吸作用,有利于保存。

2)水果贮存也要降低呼吸作用,如:在水果外面包塑料袋,目的是抑制水果的呼吸作用,减少有机物的消耗,有利于保鲜;还有湿谷堆放一段时间会发热等现象都与呼吸作用有关;经常给植物松土和排水的目的是促进植物根部的呼吸作用。

3)夏天,用冰箱贮存蔬菜和水果来达到保鲜,其原理是温度低蔬菜和水果的呼吸作用减弱,有机物消耗少。

考霸笔记

影响呼吸作用的外界因素

温度、水分、氧气和二氧化碳浓度是影响呼吸作用的主要因素。

1)温度:温度对呼吸作用的强度影响最大。在一定范围内,温度升高,呼吸作用加强;温度过高,呼吸作用减弱。

2)氧气:在一定范围内,随着氧气浓度的增加,呼吸作用显著加强。

3)水分:一般植物含水量增加,呼吸作用加强。

4)二氧化碳:二氧化碳浓度大大超出正常值时,抑制呼吸作用。在储藏蔬菜、水果、粮食时,采取低温、降低湿度、充加二氧化碳等措施,可延长储藏时间。

专题九 绿色植物与生物圈中的碳-氧平衡

实验1

实验2　　实验3

核心考点 1　光合作用利用二氧化碳作为原料

1.普利斯特利实验

1771—1772年,英国科学家普利斯特利做了一系列的实验:

实验1:他把一只点燃的蜡烛和一只小白鼠分别放到密闭的玻璃罩内,结果发现,蜡烛不久就熄灭了,小白鼠很快也就死去了。

实验2:接着,他把一盆植物和一枝点燃的蜡烛一同放到一个密闭的玻璃罩内,他发现植物能够长时间地活着,蜡烛也没有熄灭。

实验3:他又把一盆植物和一只小白鼠一同放到一个密闭的玻璃罩内,他发现植物和小白鼠能够正常的活着,于是他得出结论:植物能够更新由于蜡烛燃烧或动物呼吸变得污浊的空气。

后来,荷兰科学家英格豪斯证明了只有在阳光的照射下,普利斯特利的实验才能获得成功,经过科学家们一代又一代的努力,光合作用终于被人们发现了。

2.植物光合作用需要二氧化碳

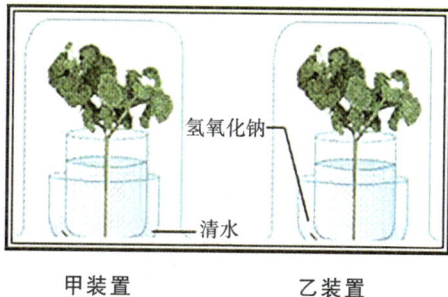

氢氧化钠

清水

甲装置　　　　乙装置

(1)方法步骤

将装置放在黑暗处一昼夜后,一起移到光下照射几小时;各取甲、乙两个装置中植物的一片叶子,编号 A、B;后经酒精脱色、清水冲洗、碘液染色。

(2)实验现象

A 叶片变蓝,B 叶片不变蓝,说明甲装置中的叶片产生了淀粉,乙装置中的叶片没有产生淀粉。甲乙装置的主要区别是甲装置放的是清水,乙装置放的是氢氧化钠溶液,氢氧化钠溶液将乙装置中的二氧化碳吸收了。

考霸笔记

在设计探究二氧化碳是光合作用原料的实验时,要注意两个装置中植株的大小、生长状况等情况都相同,然后放到黑暗处一昼夜,同时移到光下进行照光。

(3)实验结论

植物的光合作用需要二氧化碳。

核心考点 2 光合作用产生氧气

1.实验准备

材料:金鱼藻。

用品:玻璃漏斗一个,比漏斗直径稍宽大的烧杯一个,试管一只,剪刀或刀片,卫生香。

2.方法步骤

1)取一枝金鱼藻(或黑藻等沉水植物),放入盛有多半杯水的烧杯内。

2)要将金鱼藻顶端向下,倒放在烧杯中,然后,将漏斗口浸入水中,反扣在金鱼藻上。

3)取一个试管,盛满水,用拇指堵住试管口(不要漏气),将试管朝下浸入烧杯内的水中。然后,将拇指松开,并将试管套入浸在水内的漏斗细管上。

4)将此装置放置在阳光下,照射一段时间,便可见金鱼藻向水里释放出气泡。

5)等气体充满试管容积的 1/2 左右时,将试管取出,迅速将带火星的卫

考霸笔记

剪取金鱼藻时,要用快剪或快刀片一次割断,切勿用手指尖捏断,以免将茎内通气组织堵塞。

注意要确保倒放的试管内充满水,不能有气泡。

生香伸进试管口内。注意观察卫生香的燃烧情况。

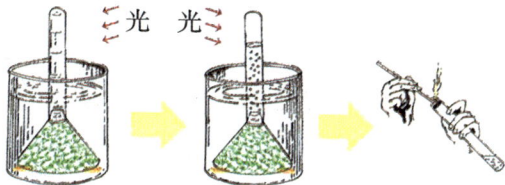

3.实验现象

卫生香会立刻猛烈地燃烧起来,由此可以证明收集到的气体是氧气。

4.实验结论

绿色植物在光下产生了氧气。

考霸笔记

　　叶在进行光合作用过程中,不但制造有机物,从而贮藏了能量,而且产生氧气。氧气通过叶肉组织的细胞间隙、气室至气孔排出。水生植物(如沉水植物)的茎内则具有发达的通气道,氧气通过细胞间隙和通气道最终排出体外。

核心考点 3　呼吸作用与光合作用的对比

考霸笔记

光合作用与呼吸作用的联系

如果没有光合作用制造的有机物,呼吸作用就无法正常进行。这是因为呼吸作用所分解的有机物正是光合作用的产物,呼吸作用所释放的能量正是光合作用储存在有机物中的能量。

如果没有呼吸作用,光合作用也无法正常进行。这是因为植物进行光合作用的时候,部分原料的吸收和产物的运输所需要的能量,正是呼吸作用释放出来的。

呼吸作用与光合作用是相互依存的关系。

		光合作用	呼吸作用
区别	场所	含叶绿体的细胞	所有活细胞
	条件	在光下才能进行	有光无光都能进行
	原料	二氧化碳和水	有机物和氧气
	产物	有机物和氧气	二氧化碳和水
	物质转化	将二氧化碳和水合成为有机物	将有机物分解成二氧化碳和水
	能量转化	将光能转化成储存在有机物中的能量	将有机物中的能量释放出来
联系		光合作用为呼吸作用提供物质基础	呼吸作用为光合作用提供能量和物质

核心考点 4　光合作用与生物圈的碳-氧平衡及在农业生产上的应用

1)呼吸作用是生物的共同特征,生物圈中的生物进行呼吸作用,消耗氧气,产生二氧化碳,而生物圈中的绿色植物,能不断吸收大气中的二氧化碳,释放氧气,进而维持了生物圈中二氧化碳和氧气的相对平衡,简称**碳-氧平衡**。

2)光合作用的实质:绿色植物通过叶绿体,利用光能,把二氧化碳和水转化成储存能量的有机物,并且释放出氧气。光合作用包括两方面的变化:一方面是物质的变化,把无机物合成为有机物;另一方面是能量的变化,把光能转变成化学能储存在有机物中。

3)应用:在种植农作物时,要合理密植,间作套种,充分利用阳光,提高产量。

核心考点 5　爱护植被,绿化祖国

1.我国主要的植被类型

(1)定义

一个地区内生长的所有植物叫作这个地区的植被。

(2)类型

草原:大多是适应半干旱气候条件的草本植物。

荒漠:夏季炎热干旱、土壤贫瘠的地区,植物种类贫乏。

热带雨林:全年高温多雨的地区,植物种类特别丰富。

考霸笔记

影响植物分布的主要因素

影响植物分布的主要因素是水分、温度和它们的配合状况,即地球表面的气候条件。

我国东部地区雨量充沛,自南向北,随温度的递减,植被呈带状分布。在我国北部和西部地区,自东向西,从沿海到内陆,降水量递减,出现不同的植被类型。

常绿阔叶林：比较炎热、湿润的地区，以常绿阔叶树为主。

落叶阔叶林：夏季炎热多雨、冬季寒冷的地区，主要是落叶阔叶树。

针叶林：夏季温凉、冬季严寒的地区，以松、杉等针叶树为主。

2.我国植被面临的主要问题

森林：尽管森林资源植物种类丰富，但我国仍然是一个少林国家，人均森林面积 0.145 公顷，不足世界人均占有量的 1/4。长期以来对森林资源的利用不合理，伐优留劣，乱砍滥伐，使森林生态系统呈衰退现象。

草原：草原由于过度放牧，使许多草场退化、沙化。

地球之肺——热带雨林

森林所在地区一般土壤肥沃，雨量充沛，生活着种类繁多、形态各异的植物、动物和其他生物。热带雨林不仅为生物提供了理想的生存环境，更重要的是，它通过光合作用吸收了大量的二氧化碳，转化为有机物，储存在植物体内；同时，释放出大量的氧气，维持了生物圈中的碳-氧平衡，因而被称为地球的"肺"。

考霸笔记

为绿化荒山，绿化荒漠，建设防风治沙的"绿色长城"，我国将每年的 3 月 12 日定为全国的"植树节"。

专题十　人的由来

核心考点 *1*　人类的起源与发展

1.人类的起源

(1)人猿同祖

人类和现代类人猿都起源于森林古猿,但现代类人猿不是人类的祖先。

(2)现代类人猿与人类的比较

相同之处:

两眼生在前方;手有五指,足有五趾,且拇指(趾)与其余四指(趾)相对生,便于抓握;身体能够直立;没有尾巴;面部表情丰富,能表现出喜、怒、哀、乐的情绪。

区别:

1)运动方式不同。类人猿主要是臂行,人类则是直立行走。

2)制造工具的能力不同。类人猿可以使用自然工具,但不会制造工

考霸笔记

"哎,进化偏了,吃棵白菜压压惊"

具,人类可以制造并使用各种简单和复杂的工具。

3)脑的发育程度不同。类人猿的脑容量约为 400 mL,没有或仅有较弱的语言文字能力;人类的脑容量约为 1200 mL 或更大,具有很强的思维能力和语言文字能力。

2.人类的发展

在进化发展过程中,人类形成了类人猿所没有的特征:两足直立行走;制造和使用工具;有发达的大脑,可以思考问题解决困难;有复杂的语言,可以进行交流。

核心考点 2　人的生殖

1.生殖系统的组成与功能

(1)男性生殖系统

睾丸:产生精子,分泌雄性激素。

附睾:贮存、输送精子。

输精管:输送精子。

精囊腺和前列腺:分泌黏液。

阴囊:保护睾丸和附睾。

考霸笔记

直立行走

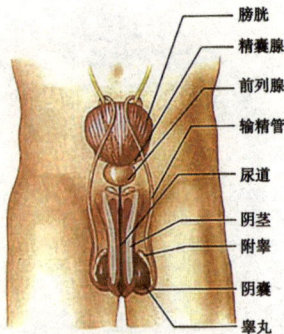
膀胱
精囊腺
前列腺
输精管
尿道
阴茎
附睾
阴囊
睾丸

男性生殖系统

阴茎：排精、排尿。

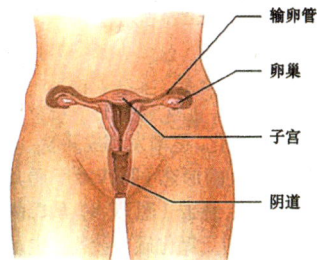

(2)女性生殖系统

卵巢：产生卵细胞,分泌雌性激素。

输卵管：输送卵细胞,是受精的场所。

子宫：胚胎发育的场所。

阴道：精子进入和胎儿产出的通道。

2.生殖过程

(1)受精与妊娠

1)精子在睾丸中形成后,会贮存在附睾和输精管中,并与精囊腺和前列腺分泌的液体混合。

2)女性的卵巢排卵后,卵细胞进入输卵管。如果在输卵管中遇到精子,就完成受精。

3)受精卵形成后,不断地进行细胞分裂,逐渐形成了胚泡,胚泡慢慢地移动到子宫中,最终植入子宫内膜,这时女性就怀孕了,也称作**妊娠**。

(2)胚胎的发育与营养

1)胚胎的发育是从**受精卵分裂**开始的。

2)胚泡植入子宫内膜后,胚泡中的细胞继续分裂和分化,逐渐发育成胚胎,并于怀孕**第8周**左右发育成胎儿。

考霸笔记

女性生殖系统

- 输卵管
- 卵巢
- 子宫
- 阴道

3）胎儿生活在半透明的羊水中,通过**胎盘和脐带**从母体获得营养物质和氧气;胎儿在生命活动过程中产生的二氧化碳等废物,也是通过胎盘经母体排出的。

4）胚胎在母体子宫内发育的时间一般为 38 周左右,胎儿发育成熟后,就通过母体的阴道产出,这个过程叫**分娩**。

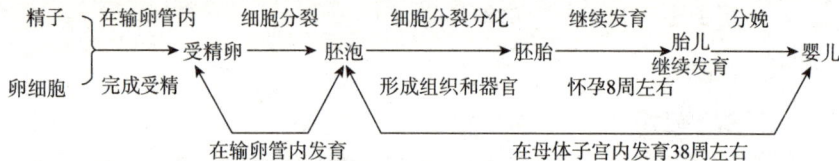

胚胎的发育图示

考霸笔记

在受精过程中,精卵结合是在输卵管内完成的,而不是在卵巢内,也不是在子宫或阴道内。

胚胎发育初期所需要的营养物质来自卵黄。

母体怀孕后,胎儿通过胎盘和脐带从母体获得营养物质和氧气,并且在生命活动过程中产生的二氧化碳等废物,也是通过胎盘经母体排出的。

核心考点 3　青春期

1.青春期的身体变化

(1)形态

身高、体重迅速增长,这是青春期的突出特征。

(2)功能

神经系统:调节功能大大增强,分析、理解能力迅速提高。

青春期是一个人**智力发展**的黄金时期。

心脏:重量增加,心肌增厚,收缩力量增加。

呼吸系统:肺活量显著增大,呼吸功能增强。

(3)性发育

进入青春期后,性器官在垂体分泌的促性腺激素的作用下,由几乎静止状态转入迅速发育状态。

在性器官分泌的性激素作用下,出现**男女第二性征**:

男性主要表现为喉结突出、声音变粗、声调变低以及长出胡须、阴毛和腋毛等。

女性主要表现为声音变细、声调变高、骨盆变宽、乳房增大、脂肪积累增加、臀部变圆、出现阴毛和腋毛等。

2.心理变化及其卫生

(1)心理变化

1)**独立性意识**逐渐加强,但又具依赖性。

2)由于性器官的发育和性意识的萌动,对异性表现出由疏远到依恋。

3)在生活和学习中,往往表现出**自主性强**,但自控能力弱的特点。

(2)健康成长

青春期是人体生长发育的关键阶段,也是决定人的体格、素质、性格和智力水平的关键时期。应讲究青春期生理和心理的健康,保证身体的正常发育。

考霸笔记

睾丸或卵巢得到迅速发育,内部结构逐渐趋于完善,能够产生生殖细胞(精子、卵细胞)和分泌性激素(雄性激素、雌性激素),男性会出现遗精现象,女性会出现月经现象。

如何保持心理健康

1)正确对待自身的身心变化,保持心理健康。

2)树立远大理想,培养高尚情操。

3)开展正常的人际交往,做到自尊自爱。

专题十一 人体的营养

考霸笔记

测定花生中的能量

实验过程

1）空易拉罐顶部中央,剪一个锥形瓶口略大的圆孔。圆孔周围以及罐底剪若干空洞。

2）取一只锥形瓶,注入 10 mL 水,放入一支温度计(温度计的下端要浸入水中)。

3）安装好试验装置,并测量水温(T_1)。

4）称出一粒干燥的花生种子的重量(G),放到火焰上燃烧。

5）将刚刚燃烧的花生种子尽快地放到锥形瓶的底部。待这粒花生种子完全燃烧后,测量水温(T_2)。

数据处理

一粒花生种子含的能量$=4.2×10×(T_2-T_1)$(焦)

一克花生种子含的能量$=4.2×10×(T_2-T_1)/G$(焦)

核心考点 1 食物中的营养物质

1.人体需要的六大营养物质

(1)能源物质

蛋白质:构成人体细胞的**基本物质**,为人体生长发育、组织更新提供原料,参与损伤细胞的修复和更新;也可为人体的生理活动提供能量。

脂肪:生物体内储藏能量的物质,主要作为备用能源物质贮存在体内。具有保温作用,单位质量氧化分解时释放能量最多。

糖类:主要为人体的各项生理活动提供能量,是人体**最重要的供能物质**,也是构成细胞的一种成分。

(2)非能源物质

水:约占体重的 $60\%\sim70\%$,是构成人体细胞的主要组成成分,人体的各种生理活动都离不开水。

无机盐：含量较低，是构成人体组织的重要成分，能够维持人体正常的生理活动。如：钙、磷(构成骨骼和牙齿)、铁(构成血红蛋白)。

维生素：不是构成细胞的主要原料，也不提供能量，含量少，对人体生命活动起调节作用。

2.六大类营养物质的主要作用

营养物质	主要作用
蛋白质	构成人体细胞的基本物质
糖类	人体最重要的供能物质
脂肪	作为储备的能源物质，在体内储存
维生素	维持人体的正常生理功能
水	细胞的主要组成成分
无机盐	构成人体组织的重要成分

3.无机盐的作用

无机盐的种类	缺乏时的症状
含钙的无机盐	佝偻病(儿童)、骨质疏松症(中老年人)

考霸笔记

膳食纤维

膳食纤维有第七类营养素之称，它是指除淀粉以外复杂的糖类，包括纤维素、果胶等。膳食纤维大量存在于蔬菜、水果、海藻和粮食等植物性食物中。

多吃粗纤维有几大好处：一是改善胃肠道功能，能够防治便秘、预防肠癌；二是改善血糖生成反应，降低餐后血糖含量，帮助治疗糖尿病；三是降低血浆中的胆固醇含量，防治高脂血症和心血管疾病；四是控制体重，减少肥胖病的发生。

膳食纤维能够增加粪便的体积，减少肠道中食物残渣在人体内停留的时间，让排便的频率加快。因此，孩子和胃肠功能很差、经常腹泻的人不宜多吃。

续表

无机盐的种类	缺乏时的症状
含磷的无机盐	厌食、贫血、肌无力、骨痛
含铁的无机盐	缺铁性贫血
含碘的无机盐	地方性甲状腺肿、智力障碍
含锌的无机盐	生长发育不良

4.维生素的作用

人体一旦缺乏维生素,会影响生长发育,甚至患病。

种类	功能	缺乏时的症状	食物来源
维生素A	促进人体正常发育,增强抵抗力,维持人的正常视觉	皮肤干燥、夜盲症、干眼症	肝脏、鱼肝油、胡萝卜、玉米等
维生素B$_1$	维持人体正常的新陈代谢和神经系统的正常生理功能	神经炎、脚气病、消化不良、食欲不振	豆类、糙米、肉类、动物肾脏等

考霸笔记

维生素的共同特点

1)维生素往往以维生素原(维生素前体)的形式存在于食物中。

2)维生素不提供能量,它的主要作用是参与机体代谢的调节。

3)一般不是机体的构成成分,机体只需要极少的维生素即可满足维持正常生理功能的需要,但绝对不可缺少。

4)虽然机体自身可合成部分维生素,但一般不能充分满足机体需要,所以必须经常由食物来供给。

续表

种类	功能	缺乏时的症状	食物来源
维生素 C	维持骨骼、肌肉和血管的正常生理作用,增强抵抗力	坏血病、抵抗力下降等	新鲜的水果、蔬菜等
维生素 D	促进钙、磷吸收和骨骼发育	佝偻病(如鸡胸、X 形或 O 形腿等)、骨质疏松症	肝脏、鸡蛋、鱼肝油等

核心考点 2　消化系统的组成及作用

1.消化道

由上到下依次:

口腔:牙齿咀嚼磨碎食物,舌的搅拌使食物和唾液混合。

咽:食物的通道,没有消化作用。

食道:能蠕动,将食物推进胃中。

胃:通过蠕动搅磨食物,使食物和胃液混合,并初步消化。

小肠:小肠的起始部位为十二指肠,肝脏分泌的胆汁与胰腺分泌的胰液

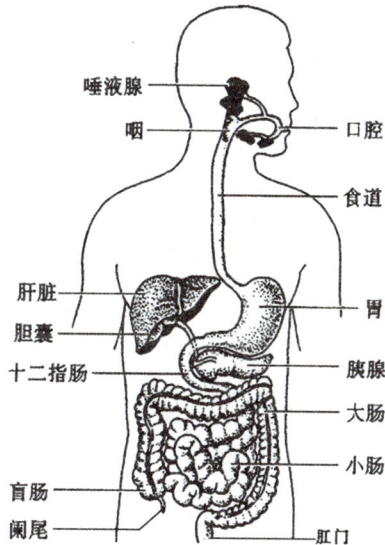

考霸笔记

消化系统的组成

唾液腺　咽　口腔　食道　肝脏　胆囊　十二指肠　盲肠　阑尾　胃　胰腺　大肠　小肠　肛门

由此流入小肠。通过蠕动,使食物与消化液充分混合,是消化、吸收的主要场所。

大肠:通过蠕动,使食物残渣推向肛门(大肠的起始部位为盲肠)。

肛门:粪便由此排出。

2.消化腺

唾液腺:分泌唾液(含有唾液淀粉酶),能初步消化淀粉。

肝脏:分泌胆汁(**不含消化酶**),将脂肪乳化为脂肪微粒。

胰腺:分泌胰液(含有消化糖类、蛋白质和脂肪的酶)。

胃腺:分泌胃液(含有盐酸和胃蛋白酶),初步消化蛋白质。

肠腺:分泌肠液(含有消化糖类、蛋白质和脂肪的酶)。

核心考点 3 食物的消化与营养物质的吸收

1.食物的消化

(1)概念

食物的消化是指在消化道内将食物分解成为可以被细胞吸收的成分的过程。消化将大分子有机物分解成小分子有机物,有利于营养物质的吸收。

考霸笔记

唾液腺、胰腺、肝脏位于消化道外,胰腺和肝脏分泌的消化液注入十二指肠后与食物接触。胃腺和肠腺位于消化道内。肝脏是最大的消化腺。

(2)分类

消化包括物理性消化和化学性消化两个方面。

物理性消化:通过牙齿的咀嚼、舌的搅拌和胃、肠的蠕动,将食物磨碎、搅拌,并与消化液混合。

化学性消化:通过各种消化液中的消化酶的催化作用,使食物中的各种成分分解为可以吸收利用的营养物质。

(3)淀粉、蛋白质、脂肪的消化总结

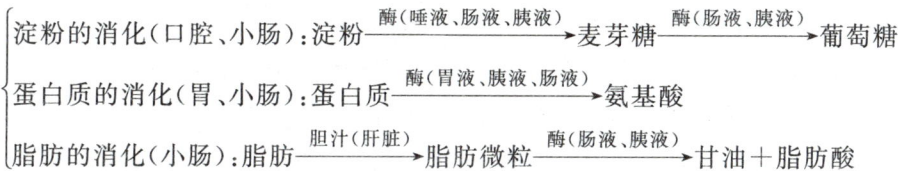

$$\begin{cases}淀粉的消化(口腔、小肠):淀粉\xrightarrow{酶(唾液、肠液、胰液)}麦芽糖\xrightarrow{酶(肠液、胰液)}葡萄糖\\[2mm]蛋白质的消化(胃、小肠):蛋白质\xrightarrow{酶(胃液、胰液、肠液)}氨基酸\\[2mm]脂肪的消化(小肠):脂肪\xrightarrow{胆汁(肝脏)}脂肪微粒\xrightarrow{酶(肠液、胰液)}甘油+脂肪酸\end{cases}$$

(4)实验:馒头在口腔中的变化

实验原理:

馒头变甜应该是成分中糖类发生变化。馒头的主要成分是淀粉,因此本实验利用淀粉遇碘变蓝的特性,以及口腔中的温度为 37℃ 的常识。变量为唾液,以及模拟牙齿的咀嚼作用和舌的搅拌作用。

三支试管,两个对照实验。**一支试管作为实验组,另两支试管作为对照组。**如果模拟牙齿的咀嚼功能、舌的搅拌功能并加入唾液,滴入碘液后,实验

考霸笔记

物理性消化和化学性消化的区别是营养物质的分子结构是否发生变化。

物理性消化实例:

胆汁对脂肪的乳化作用:肝脏分泌的胆汁不含消化酶,胆汁对脂肪有乳化作用,使脂肪变成微小颗粒,增加了脂肪与消化酶的接触面积,有利于脂肪的化学性消化,所以脂肪被乳化成脂肪微粒属于物理性消化。

化学性消化实例:

口腔中的唾液淀粉酶能够将部分淀粉分解为麦芽糖。

蛋白质进入胃以后,在胃液的作用下进行初步消化后进入小肠,在胰液和肠液的作用下,蛋白质被彻底消化为氨基酸。

脂肪进入小肠后,在胆汁的作用下,被乳化成脂肪微粒,然后再在胰液和肠液中酶的作用下被消化成甘油和脂肪酸。

考霸笔记

1号试管

馒头碎屑+2 mL 唾液
充分搅拌

2号试管

馒头碎屑+2 mL 清水
充分搅拌

3号试管

馒头块+2 mL 唾液
不搅拌

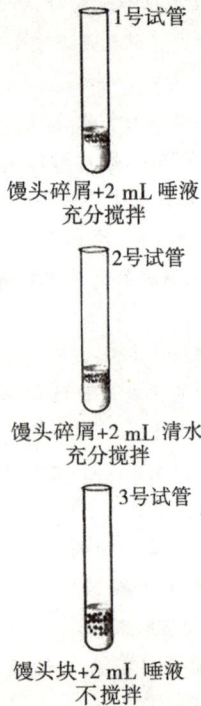

组的试管内没有变成蓝色,说明馒头中淀粉的变化与牙齿的咀嚼、舌的搅拌以及唾液的分泌都有关。如果变成蓝色,则说明淀粉没有被分解,馒头变甜与牙齿的咀嚼、舌的搅拌以及唾液的分泌没有关系。

实验步骤及现象:

1)新鲜的馒头,切成大小相同的 A,B,C 三小块。将 A 块和 B 块分别用刀细细地切碎,拌匀(模拟牙齿的咀嚼和舌的搅拌),C 块不做任何处理。

2)用凉开水将口漱净,口内含一块消毒棉絮。约 1 分钟之后,用干净的镊子取出棉絮,将棉絮中的唾液挤压到小烧杯中。

3)取 3 支洁净的试管,分别编上 1,2,3 号,然后做如下处理:

将 A 馒头碎屑放入 1 号试管中,注入2 mL 唾液并充分搅拌;将 B 馒头碎屑放入 2 号试管,注入2 mL 清水并充分搅拌;将 C 馒头放入 3 号试管,注入 2 mL 唾液不搅拌。将三支试管一起放入 37℃左右的温水中。

4)5~10 分钟后,取出这三支试管,各滴加 2 滴碘液,摇匀。然后,观察并记录各试管中的颜色变化。

按确定的探究计划进行实验,观察实验现象。可见,1 号试管中没有变成蓝色;2 号试管变成蓝色;3 号试管中的部分馒头块变成蓝色。

实验结论:

馒头变甜与唾液的分泌,以及牙齿的咀嚼和舌的搅拌都有关系。

2.营养物质的吸收

(1)概念

营养物质的吸收是指食物中的淀粉、蛋白质、脂肪在消化道内经过消化最终被分解成了葡萄糖、氨基酸、甘油和脂肪酸等物质,这些物质和水、无机盐、维生素等小分子营养物质通过消化道壁进入循环系统的过程。

(2)消化道各段对营养物质的吸收

胃: 少量的水和酒精(非营养)。

小肠(吸收的主要器官,与其结构有关): 吸收葡萄糖、氨基酸、甘油、脂肪酸、大部分水、无机盐和维生素。

大肠: 只吸收少量水、无机盐和部分维生素。

考霸笔记

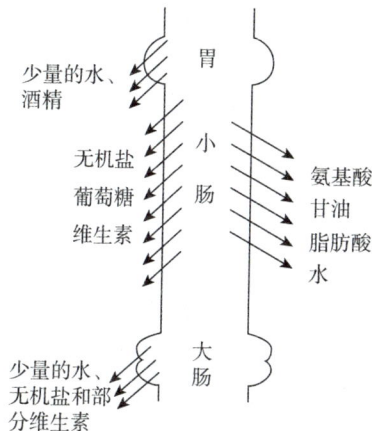

消化道各段对
营养物质的吸收情况

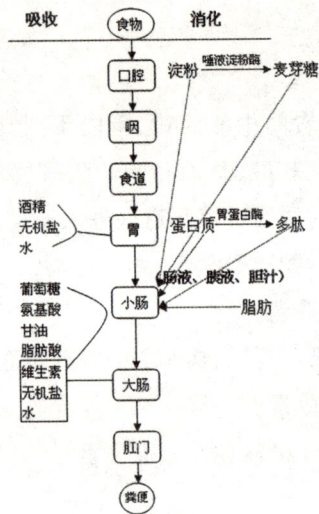

消化与吸收的全过程

考霸笔记

在小肠的吸收过程中,脂肪的部分消化产物先由毛细淋巴管吸收,经淋巴循环进入血液循环,其他消化产物直接由毛细血管壁进入血液循环。

核心考点 4 小肠的结构特点和消化酶

1.小肠的结构特点

小肠是消化食物和吸收营养物质的**主要场所**。小肠肠壁构造(由内向外）：**黏膜、黏膜下层、肌肉层、浆膜。**

小肠适于消化、吸收的特点：

1）小肠很长，约 5～6 米，是消化系统中最长的一段，大大增加了消化和吸收的面积，适于消化和吸收。

2）小肠内壁上具有**环形皱襞**，皱襞表面有许多**小肠绒毛**，这样可以大大增加小肠消化食物和吸收营养物质的面积。

3）小肠绒毛内有毛细血管、毛细淋巴管，绒毛壁和毛细血管、毛细淋巴管的管壁都很薄，只由一层上皮细胞构成，这种结构特点有利于营养物质的吸收。

4）小肠内有多种**消化酶**可以消化食物。

2.关于消化酶

淀粉酶包括唾液淀粉酶、胰淀粉酶和肠淀粉酶；**麦芽糖酶**包括胰麦芽糖酶和肠麦芽糖酶。

在蛋白质的化学消化过程中，起催化作用的酶主要包括胃蛋白酶、胰蛋白酶、糜蛋白酶、肠肽酶和胰肽酶等；肠腺分泌的肠液中无蛋白酶，但有肽酶，肽酶主要来自肠液。

胆汁虽然不含有消化酶，但它可以将脂肪乳化为**脂肪微粒**，这实质上是一个**物理性消化过程**；脂肪微粒在胰脂肪酶和肠脂肪酶的催化作用下，水解为甘油和脂肪酸，这才是真正的化学性消化过程。

考霸笔记

酶的特性

专一性：酶具有专一性，只能催化分解一种或一类有机物分解。

高效性：消化酶的高效性是指消化酶具有强大的催化能力。

多样性：由于消化酶具有专一性，而人体细胞内的化学反应种类极其繁多，不同的化学反应需要不同的消化酶来催化，因此消化酶具有多样性。

酶的活性还受温度、酸碱度的影响。人体内的酶最适宜催化分解的温度为 37℃。

核心考点 5　合理营养与食品安全

1.合理营养

每日三餐,按时进餐;

不偏食、不挑食、不暴饮暴食;

均衡摄入五类食物(平衡膳食宝塔)。

平衡膳食宝塔

《中国居民膳食指南(2016)》

6条核心推荐

一、食物多样,谷类为主

二、吃动平衡,健康体重

三、多吃蔬果、奶类、大豆

四、适量吃鱼、禽、蛋、瘦肉

五、少盐少油,控糖限酒

六、杜绝浪费,兴新食尚

2.设计一份营养合理的食谱

按"平衡膳食宝塔"均衡摄取五类食物,以避免营养不良和营养过剩。

人每天摄入最多的应该是米、面等主食,其次是蔬菜、水果,摄入量最少的是脂肪食品。

人在早、中、晚餐的能量摄取应当分别占30%、40%、30%左右,三餐应该按时进食。

3.关注食品安全

防止食品在生产过程中被农药等污染,蔬菜瓜果必须清洗干净。

不吃有毒的食物(发芽的马铃薯、毒蘑菇)。

防止食品被细菌等污染,食用前要加热煮熟。

保持厨房和餐具的清洁卫生。

购买经检疫合格的食品。

考霸笔记

"一证两标":"一证"指动物检疫合格证明或动物和动物产品分销信息凭证,"两标"指动物检疫合格标志和企业检验标识。

81

专题十二　人体的呼吸

考霸笔记

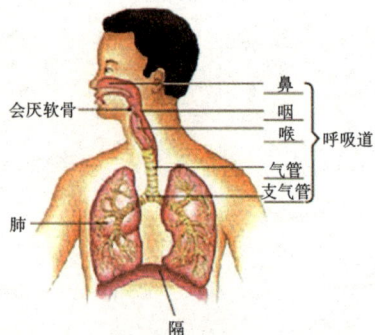

呼吸系统的组成

核心考点 1　呼吸道对空气的处理

1.呼吸系统的结构

1)呼吸系统是由**呼吸道**和**肺**组成的。

2)呼吸道由鼻、咽、喉、气管、支气管组成,是气体进出肺的通道。

3)**肺**是人体进行气体交换的场所,是呼吸系统的**主要器官**。

2.呼吸道的作用

1)呼吸道都有骨或软骨作支架,这样就保证了气体顺畅通过。

2)呼吸道能使通过的气体温暖、湿润、清洁,但呼吸道对空气的处理作用是有限的。

核心考点 2 发生在肺内的气体交换

1.肺与外界的气体交换(肺通气)

肺通气是通过呼吸运动来实现的。呼吸运动包括呼气和吸气两个动作:**吸气时**,呼吸肌收缩,肺容积增大,肺内气压小于外界气压;**呼气时**,情况正好与吸气相反。

呼吸运动及其原理:

类别	肋间肌和膈肌	胸廓	膈顶	肺	肺内气压	气体进出肺泡	气体变化
吸气	收缩	扩大	下降	扩张	下降	外界气体被吸入肺泡	含氧较多
呼气	舒张	缩小	回升	缩小	上升	肺泡内的气体被呼出体外	含二氧化碳较多

考霸笔记

肺

1)位置:胸腔内,左右各一。

2)结构:由无数个肺泡构成,肺泡外包绕着毛细血管,肺泡和毛细血管的壁都很薄,只由一层上皮细胞构成,适于气体交换。

3)功能:气体交换。

咽是空气和食物共同的通道,因此,它既是呼吸器官又是消化器官。

2.肺泡与血液的气体交换(肺换气)

肺换气是通过**气体扩散作用**实现的,遵循的原理是气体总是由浓度高的地方向浓度低的地方扩散,直到平衡为止。血液进入肺泡的二氧化碳来自组织细胞对有机物的氧化分解。

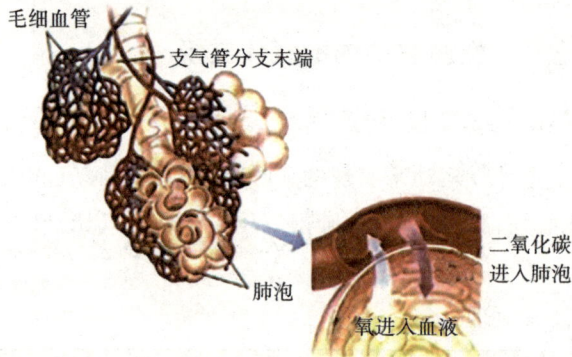

肺泡内的气体交换

3.组织处的气体交换

组织处的气体交换是指组织细胞与血液之间的气体交换,即通过气体的扩散作用,血液中的氧气与组织细胞中的二氧化碳进行交换。

考霸笔记

气体在血液中的运输

氧与红细胞中的血红蛋白结合后,随着血液循环运输到身体的各个器官。

气体从血液扩散到组织细胞要至少经过 3 层细胞膜。从毛细血管到组织液经过一层毛细血管壁细胞,就是两层细胞膜,从组织液到组织细胞,经过一层细胞膜。

气体从肺泡内扩散到血液中要经过 4 层,经过肺泡壁,是一层细胞,两层细胞膜,进入组织液,再进入毛细血管,经过一层壁细胞,两层细胞膜。

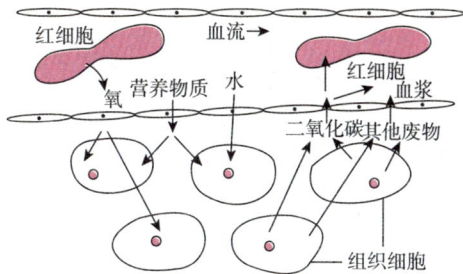

血液与组织细胞的气体交换

4.肺泡与气体交换相适应的结构特点

1)肺泡数目多、总面积大。

2)肺泡周围缠绕着大量的毛细血管和弹性纤维;肺泡壁和毛细血管壁紧贴在一起,有利于气体通过。

3)肺泡壁和毛细血管壁都很薄,都只由一层上皮细胞构成(共两层细胞),这种结构特点有利于肺泡与血液之间进行气体交换。

考霸笔记

人体与外界的气体进行交换要顺利完成,四个环节必须完整,任何一个环节出现问题都不能完成呼吸。

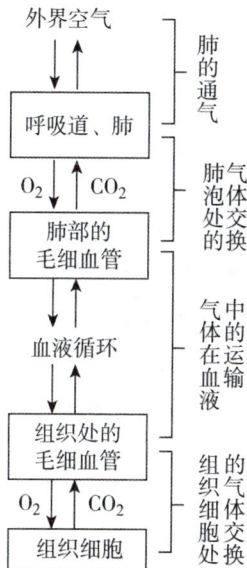

5.呼吸的全过程

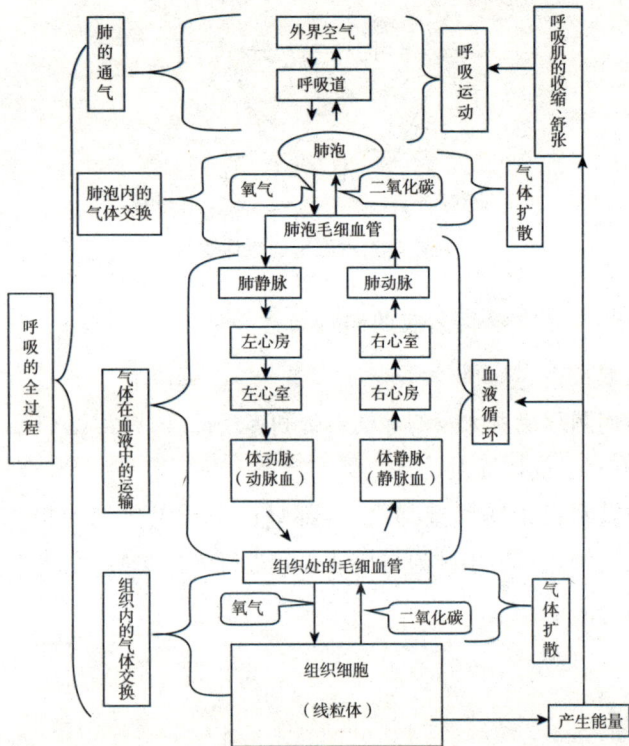

考霸笔记

演示实验:模拟膈肌的运动

实验原理:一个容器中的气体,在温度不变的情况下,如果气体的总量没有改变,当容器的容积增大时气体压力就小,容积缩小时气体压力就大,当气体压力低于外界压力时空气就会被吸入,当气体压力高于外界压力时空气就被压出。

模型介绍:橡皮膜代表膈,两个气球代表肺,玻璃瓶代表胸廓。

膈的运动演示:手下拉橡皮膜,使膈顶部下降,代表膈肌收缩,松开橡皮膜,使膈顶部回升,代表膈肌舒张。

小结:膈肌收缩,膈顶部下降,使胸廓的上下径增大,膈肌舒张,膈顶部回升,使胸廓的上下径缩小。

呼吸的全过程图解:

- 肺的通气:外界空气 → 呼吸道 ← 呼吸运动 ← 呼吸肌的收缩、舒张
- 肺泡内的气体交换:肺泡 — 氧气 / 二氧化碳 — 肺泡毛细血管（气体扩散）
- 气体在血液中的运输:肺静脉 → 左心房 → 左心室 → 体动脉(动脉血)；肺动脉 ← 右心室 ← 右心房 ← 体静脉(静脉血)（血液循环）
- 组织内的气体交换:组织处的毛细血管 — 氧气 / 二氧化碳 — 组织细胞(线粒体)（气体扩散）→ 产生能量

核心考点 **3**　　空气质量与健康

1.空气质量与人体健康

1)空气中存在灰尘及少量有害气体,人在将空气吸入体内的过程中,经过了呼吸道的净化作用,而使这些有害于人体健康的物质大大减少。

2)如果人类的生产活动加大了对空气的污染,就会加重对人体呼吸道的损害,导致呼吸系统、心血管系统发病率提高。

2.空气污染与预防

人类活动引起的污染源主要有生活污染源、工业污染源和交通污染源。

大气污染物可以分为颗粒物质和气体污染物。控制大气污染物的排放是防治大气污染、改善空气质量的基本措施。植树造林是防治大气污染的有效措施。

考霸笔记

PM2.5 是指大气中直径小于或等于 2.5 微米的颗粒物,也称为可入肺颗粒物。PM2.5 不仅对空气质量和能见度等有重要的影响,而且它富含大量的有毒、有害物质,在大气中的停留时间长、输送距离远,因此对人体健康和大气环境质量的影响更大。

专题十三　人体内物质的运输

考霸笔记

血浆渗透压形成及数值

血浆渗透压由两部分溶质所形成：一部分是血浆中的无机盐、葡萄糖、尿素等小分子晶体物质形成的血浆晶体渗透压，另一部分是血浆蛋白等大分子物质所形成的血浆胶体渗透压。

由于血浆中小分子晶体物质的颗粒非常多，因此血浆渗透压主要是晶体渗透压。

5％葡萄糖液或 0.9％NaCl 溶液的渗透压与血浆渗透压相近，故称为等渗溶液。

血浆胶体渗透压很小。通常血浆蛋白中白蛋白的含量较多、分子量较小，因此，在维持血浆胶体渗透压中，白蛋白尤为重要。

核心考点 1　流动的组织——血液

1.人体的血液

由血浆和血细胞组成，血细胞有三种：红细胞（含有血红蛋白，运送氧气和部分二氧化碳）、白细胞（吞噬病菌）和血小板（止血和加速凝血）。

(1)血浆

是淡黄色半透明的液体。（约占血液总量的 55％）

1)成分：水（约占 91％～92％）、血浆蛋白（约占 7％）、葡萄糖（约占 0.1％）、尿素、无机盐 CO_2 等（约占 0.9％）。

2)功能：运载血细胞、运输养料和废物。

(2)血细胞

1)红细胞：呈两面略凹的圆盘状，成熟的红细胞没有细胞核，数量最多。

功能：主要是运输氧和部分二氧化碳。

2)**白细胞：**比红细胞大，有细胞核，数量最少。

功能：吞噬病菌，防御和保护作用。

3)**血小板：**形态最小而且不规则，无细胞核，数量少。

功能：促进止血和加速凝血作用。

2.血液的功能

1)**运输功能：**血液能输送人体所需要的氧和养料到全身各组织细胞，还能把新陈代谢的最终产物分别运输到肺、肾脏和皮肤等排出体外。某些内分泌的激素也由血液运输。

2)保持**人体内环境成分的相对稳定**，确保全身各个系统的生理活动正常进行。

3)**防御作用：**白细胞以及抗体等能抵抗病菌和外侵者。

血液的这些功能与其血细胞和血浆有关。

考霸笔记

　　血浆和血清的主要区别：血清中不含纤维蛋白原。

核心考点 2　血流的管道——血管

1.血管

(1)动脉

动脉是将血液从心脏输送到身体各部分去的血管。

特点:管壁较厚,管腔较小,弹性大,血流速度快,不断分支。

(2)静脉

静脉是将血液从身体各部分送回心脏的血管。

特点:管壁较薄,弹性小,管腔较大,血流速度较慢,通常具有静脉瓣。

(3)毛细血管

毛细血管连通于最小的动脉与静脉之间。

特点:只允许红细胞单行通过,由一层扁平上皮细胞构成,血流速度慢。

2.动脉、静脉与毛细血管的比较

类　别	动　脉	静　脉	毛细血管
概念	将血液从心脏送到身体各部分去的血管	将血液从全身各部分收回到心脏的血管	连通于最小动脉和最小静脉之间的血管

考霸笔记

动脉血和静脉血

都是人体内的血液,它们只是颜色和含氧量有区别:

含氧多,颜色鲜红的血是动脉血。

含氧少,颜色暗红的血是静脉血。

与动、静脉血管无直接的关系,只与氧含量的多少有关。

续表

类 别	动 脉	静 脉	毛细血管
管壁的结构特点	管壁厚、弹性大、管腔较小	管壁薄、弹性小、管腔较大(四肢静脉内具有静脉瓣)	管壁极薄(仅由一层上皮细胞构成);管腔最小(只允许红细胞单行通过);血流速度最慢,这有利于血液与组织细胞之间进行物质交换
血流的速度	快速	较慢	
血流的方向	心脏→全身各处	全身各处→心脏	动脉端→静脉端
图示			

3.毛细血管与物质交换功能相适应的特点

1)**数量多、分布广,**使得全身各处组织细胞都能进行物质交换。

2)**管腔细、管径小,**红细胞只能单行通过,使得血液和组织细胞间充分进行物质交换。

3)**管壁薄,**只由一层上皮细胞构成,使得血细胞所携带的物质很容易穿壁进行物质交换。

4)**血流速度非常慢,**使血细胞有充足的时间进行物质交换。

考霸笔记

判断动脉、静脉、毛细血管的方法

红细胞单行通过的血管为毛细血管。

动脉与静脉之间相连的最细小血管是毛细血管。

根据血流的方向,血液由大血管分散流向小血管,这样的血管是动脉;血液由小的血管汇集流往大的血管,这样的血管为静脉。

核心考点 3　输送血液的泵——心脏

1.心脏的结构与功能

(1)结构

人体的心脏分为四个腔,即左、右心房和左、右心室。

心室连动脉,心房连静脉;动脉瓣只能朝动脉开,房室瓣只能朝心室开,从而保证血液只能按一定的方向流;心脏左侧及与左侧相连的血管内都是动脉血,心脏右侧及与右侧相连的血管内都是静脉血。

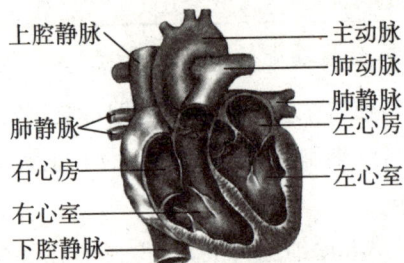

考霸笔记

　　人的心脏在胸腔内两肺之间,心尖指向左下方。心脏的形状像个桃子,大小和本人的拳头差不多。

心脏的结构

左、右心房和左、右心室的对比:

名称	左心房	左心室	右心房	右心室
相连血管	肺静脉	主动脉	上下腔静脉	肺动脉
腔壁	薄	最厚	薄	较厚
瓣膜	与左心室之间有房室瓣	与左心房之间有房室瓣,与主动脉之间有动脉瓣	与右心室之间有房室瓣	与右心房之间有房室瓣,与肺动脉之间有动脉瓣
所含血液	动脉血	动脉血	静脉血	静脉血

(2)功能

心脏由发达的心肌构成,能昼夜不停地收缩和舒张,推动血液在血管里循环流动,它是**血液循环的动力器官**。心脏由左右两个**"泵"**同时协同工作,一次心跳包括了心脏的收缩和舒张。

(3)心脏工作的原理

当**左心房收缩**时,心房内的压力高于心室内的压力,心房内的血液冲开房室瓣,分别进入左右心室。此时,两侧的**动脉瓣是关闭的**。

接着,**两个心房开始舒张,两个心室收缩**,心室内压力超过心房内压力,这时,**房室瓣**被血液推动而**关闭**,使血液不能倒流入心房。随着心室的进

考霸笔记

心脏的瓣膜

心房和心室之间的瓣膜叫房室瓣,它只能朝向心室开,保证血液只能从心房流向心室。

心室和相连的动脉之间的瓣膜叫动脉瓣,只能朝向动脉开,保证血液只能从心室流向动脉。这样就保证了血液只能按一定方向流动:心房→心室→动脉,而不能倒流。

一步收缩,心室内压力继续上升,当心室内压力超过动脉压时,血液就冲开动脉瓣射入动脉。

随后,心室舒张,心室内压力迅速下降,当心室内压力低于动脉压时,动脉内的血液流入半月形的动脉瓣口袋中,而使动脉瓣关闭,阻止动脉内的血液倒流入心室。随着心室进一步舒张,心室内压力继续下降,当心室内压低于心房内压力时,心房内的血液冲开房室瓣进入心室,随后,心房和心室都处于舒张状态,此时,房室瓣开放着,而动脉瓣关闭着。这时,血液从静脉流入心房,进一步流入心室。心脏就这样不停地收缩和舒张,推动血液在血管内循环流动。

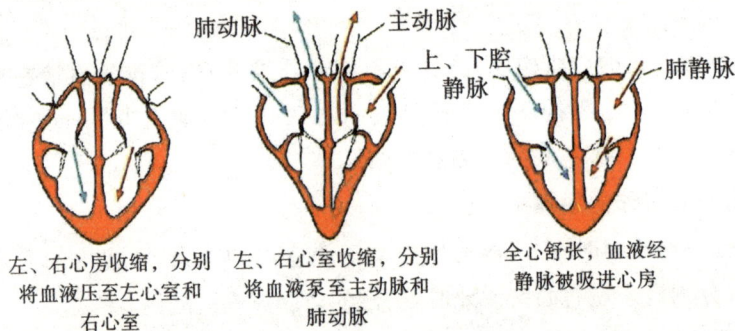

左、右心房收缩,分别将血液压至左心室和右心室

左、右心室收缩,分别将血液泵至主动脉和肺动脉

全心舒张,血液经静脉被吸进心房

考霸笔记

心肌的收缩和舒张表现为心脏的跳动。心脏跳动时,先是两个心房收缩,此时两个心室舒张;接着两个心房舒张,两个心室收缩;然后全心舒张。所以,心房和心室能一起舒张,但不能同时收缩。

2.血液循环的途径

(1)体循环

起点是左心室,终点是右心房,血液由动脉血变成静脉血,为身体各组织细胞运送氧和营养物质,并带走产生的二氧化碳等。

体循环的途径:左心室→主动脉→全身各级动脉及毛细血管网→各级静脉→上、下腔静脉→右心房。

(2)肺循环

起点是右心室,终点是左心房,血液由静脉血变成动脉血,通过这一循环过程,排出了二氧化碳,获得了氧气。

肺循环的途径:右心室→肺动脉→肺部毛细血管网→肺静脉→左心房。

(3)冠脉循环

心脏本身的血液循环途径,从**属于体循环,**为心脏本身提供所需要的氧和营养物质,带走心肌细胞产生的二氧化碳等。

考霸笔记

心脏的四个腔壁的厚薄发达程度不一样,这与其各自输送血液距离远近不同有关。

血液循环为单向,不能倒流。

体、肺循环是人为划分的,实则是同时进行不可分割的。

考霸笔记

贫血

贫血分为缺铁性贫血和营养不良性贫血。

缺铁性贫血是由于人体内缺少铁元素,使红细胞中的血红蛋白含量减少而造成的一种贫血症。纠正缺铁性贫血除应及时治愈造成失血的疾病以外,还应该增加铁的摄入量。贫血患者应该多吃一些含铁丰富的食物,如肝脏、动物血、瘦肉、豆腐、木耳、虾皮、海带等。

营养不良性贫血是由于体内缺乏维生素 B_{12} 和叶酸引起的。营养不良性贫血患者应在医生的指导下口服叶酸、维生素 C,并且肌肉注射维生素 B_{12},同时改善饮食,多吃牛肉、猪肝、绿叶蔬菜和水果等,还应该配合治疗缺铁性贫血。

3.血液循环的总过程

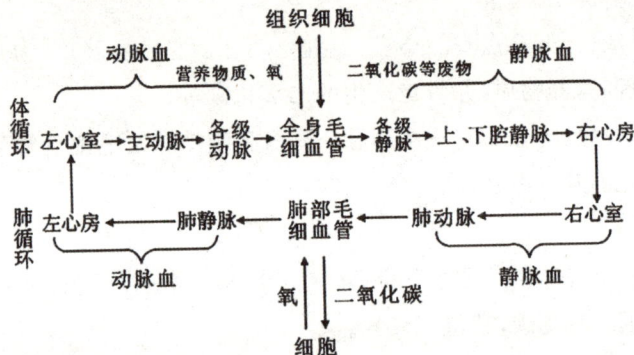

核心考点 4 输血与血型

1.血型

血型	红细胞凝集原	血清凝集素
A 型	A	抗 B
B 型	B	抗 A
AB 型	A、B	无

续表

血型	红细胞凝集原	血清凝集素
O 型	无	抗 A、抗 B

2.输血

(1)输血原则

抢救大失血病人的重要措施,以输同型血为原则。缺乏同型血且少量输血时,**O 型血的人为万能输血者,AB 型血的人为万能受血者。**

(2)血量

人体内的血液总量约占体重的 7%～8%。一次失血超过 1200－1500 mL 会有生命危险,超过 800－1000 mL 会影响各种生理活动。少量失血不会对健康有太大影响。

3.血压

(1)定义

血压指血液在流动时,对血管壁的侧压力。

(2)测量

一般所说的血压是指体循环的动脉血压,可以用血压计在**上臂肱动脉**处测得。

考霸笔记

我国从 1998 年起实行无偿献血。18～55 周岁的健康公民应积极无偿献血,奉献自己的爱心。

考霸笔记

高血压与低血压

血压持续高于 18.7/12 mmHg 是高血压,持续低于 12/8 mmHg 是低血压。

心输出量＝每搏输出量×心率

(3)分类

血压又分收缩压和舒张压:心脏收缩时,动脉血压所达到的最高值叫收缩压;心脏舒张时,动脉血压下降到的最低值叫舒张压。

(4)血压的记录方法

医生常用"收缩压/舒张压(mmHg)"的形式来表示血压。正常变动范围:健康成年人的收缩压为 12～18.7 mmHg,舒张压为 8～12 mmHg。

4.心率、脉搏

1)正常人的脉搏等于心率。心率是心脏每分钟跳动的次数。正常变动范围为60～100 次/分,但与年龄、性别、活动状态等有关。

2)脉搏可在较浅的动脉处测得,如腕部的桡动脉处。

5.心输出量

心脏收缩时,向动脉射出的血量为心输出量。每次收缩射出的血量叫每搏输出量,它与心肌的收缩力有关;每分钟内射出的血量叫每分输出量,与心率和每搏输出量都有关系,通常说的心输出量就是指每分输出量。

专题十四　人体内废物的排出

核心考点 1　人体代谢废物的排出途径

1.排泄

排泄指人体将二氧化碳、尿素、多余的水分和无机盐等排出体外的过程。
排泄的途径：

1) 皮肤：以汗液的形式排出水、无机盐、尿素。

2) 呼吸系统：以气体的形式排出二氧化碳、水。

3) 泌尿系统：以尿液的形式排出水、无机盐、尿素。

2.排遗

排遗指把消化道内不能消化的食物残渣排出体外的过程。（如粪便）

考霸笔记

错误观点：排便也是排泄。

二氧化碳、尿素和多余的水等是人体内代谢的终产物，通过循环系统运输到相应的排泄器官排出，这个过程叫排泄；而粪便是通过消化系统排出的食物残渣，排便的过程叫排遗，不属于排泄。

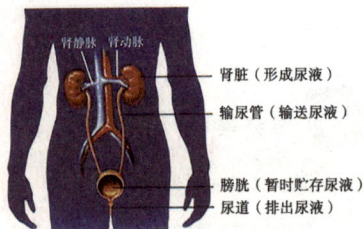

核心考点 2 泌尿系统的组成

泌尿系统由肾脏（形成尿液）、输尿管（输送尿液）、膀胱（暂时贮存尿液）和尿道（排出尿液）组成。

$$\left.\begin{array}{l}\text{肾脏：形成尿的场所}\\ \text{输尿管}\\ \text{膀胱}\\ \text{尿道}\end{array}\right\}\text{排尿的通道，膀胱有贮尿的作用}$$

肾脏位于人体腹腔后壁脊柱的两侧，左右各一个，每个肾脏由 100 多万个肾单位构成，**肾单位是形成尿液的基本单位**，肾单位的结构与功能如下：

肾小球：由入球小动脉分出的数十条毛细血管弯曲盘绕而成，另一端汇集成出球小动脉。

肾小囊：肾小管的盲端膨大部分凹陷而成，囊壁分内、外两层，内层紧贴肾小球，外层与肾小管相连。

肾小管：肾小囊内、外两层之间的囊腔与肾小管相通。

考霸笔记

泌尿系统的组成

核心考点 3 尿的形成和排出

1.尿的形成

肾小球的过滤作用：除血浆中的血细胞和大分子蛋白质以外，一部分水、无机盐、葡萄糖和尿素等物质透过肾小球和肾小囊壁过滤到肾小囊腔内，形成原尿。人体每天大约形成 180 升原尿。

肾小管的重吸收作用：原尿经肾小管时，全部的葡萄糖、大部分的水和部分无机盐等被重吸收到肾小管周围的毛细血管中。余下的水、无机盐和尿素形成尿液，每天排出的尿液大约为 1.5 升。

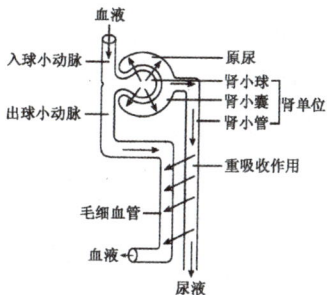

尿的形成示意图

考霸笔记

1)尿液的形成过程包括肾小球的滤过作用和肾小管的重吸收作用两个过程。

2)血液流经入球小动脉，再由出球小动脉流出，其成分的变化是由出球小动脉流出的血液中，尿酸、尿素、水分、无机盐和葡萄糖的含量明显减少。

考霸笔记

1)原尿与血液相比,就是原尿中不含大分子蛋白质和血细胞。

2)原尿与血浆相比,就是原尿中没有大分子蛋白质。

3)尿液与原尿相比,就是尿液中没有葡萄糖。如果尿液中含有大分子蛋白质和血细胞,说明肾小球患有急性炎症。如果尿液中含有葡萄糖,说明人体患有糖尿病或胰岛素分泌不足,使血糖浓度过高。

2.尿的排出

尿首先通过输尿管到达膀胱,当膀胱里的尿储存到一定量时,通过尿道排出尿液。

$$肾脏 \xrightarrow{尿液} 输尿管 \xrightarrow{尿液} 膀胱 \xrightarrow{尿液} 尿道(排出体外)$$

3.意义

排出废物,调节体内水和无机盐的平衡,维持组织细胞的正常生理功能。

核心考点 4　人粪尿的处理

1)人粪尿的价值:作为农家肥。

特点:肥源广,养分全,肥效持久,能改良土壤。

2)人粪尿的无害化处理。

方法:建沼气池;高温堆肥;建生态厕所。

作用:杀死各种病菌、虫卵,分解有机物和其他有害物质。

专题十五　人体生命活动的调节(1)——人体对外界环境的感知

核心考点 1　眼球与视觉

1.眼球的结构和功能

(1)结构

眼球包括眼球壁和眼球内容物,其中眼球壁的结构(从外向内)分为三层:**外膜、中膜和内膜**。外膜包括巩膜和角膜;中膜包括虹膜、睫状体和脉络膜;内膜主要是视网膜。眼球的内容物主要是房水、晶状体和玻璃体。

(2)功能

1)外膜。

角膜: 无色透明,富含神经末梢。

巩膜: 白色坚韧,保护眼球内部结构。

考霸笔记

"白眼球"与"黑眼仁"

眼球外围后方的巩膜呈白色,我们习惯上叫"白眼球"。

眼球前方的角膜是无色透明的,角膜后的虹膜含有色素,黄种人的虹膜一般为黑褐色,虹膜中央为瞳孔。虹膜即平常人们所说的"黑眼仁"。

考霸笔记

外界物体发出的光线,通过眼的角膜、房水、晶状体和玻璃体,发生折光,最后在视网膜上形成一个清晰的物像,这就是眼的折光功能。

眼睛通过睫状体调节晶状体的曲度来看清远近不同的物体。看远处物体时,睫状体舒张,晶状体凸度变小;看近处物体时,睫状体收缩,晶状体凸度变大。

2)中膜。

虹膜:有色素,中央有瞳孔,能调节瞳孔的大小。(瞳孔:似照相机的光圈)

睫状体:含有平滑肌,能调节晶状体曲度的大小,使眼睛能看清远近的物体。

脉络膜:有丰富的血管和色素细胞,有营养眼球和形成暗室的作用,便于成像。(似照相机的暗箱)

3)内膜。

视网膜:成像的部位。具有感光细胞,能接受光线刺激,产生神经冲动,内有视觉感受器。(似照相机的胶卷)

4)内容物。

晶状体:似双凸透镜,有弹性,对折光起主要作用。(似照相机的镜头)

玻璃体:透明胶状的物质,充满眼球内,使眼球具有一定的形态。

房水:透明的水样液体,充满在角膜和晶状体之间。

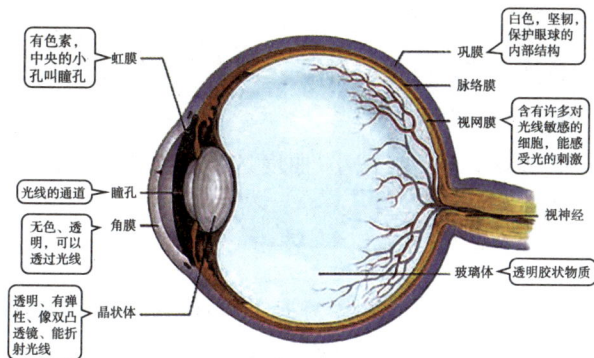

有色素,中央的小孔叫瞳孔——虹膜

巩膜——白色、坚韧,保护眼球的内部结构

脉络膜

视网膜——含有许多对光线敏感的细胞,能感受光的刺激

光线的通道——瞳孔

无色、透明,可以透过光线——角膜

视神经

玻璃体——透明胶状物质

透明、有弹性、像双凸透镜、能折射光线——晶状体

眼球的结构

2.视觉的形成

(1)视觉的形成过程

外界物体反射回来的光线经过角膜、房水,由瞳孔进入眼球内部,再经过晶状体和玻璃体的折射作用,在视网膜上形成清晰的物像,物像刺激视网膜上的感光细胞,这些感光细胞产生的神经冲动,沿着视神经传入大脑皮层的视觉中枢,就形成视觉。**具体过程如下：**

外界物体反射来的光线 $\xrightarrow{\text{经过}}$ 角膜、房水、瞳孔 $\longrightarrow$ 晶状体、玻璃体 $\xrightarrow{\text{折射}}$ 成像于视网膜 $\xrightarrow{\text{神经冲动传导}}$ 视神经 $\longrightarrow$ 视觉中枢(大脑皮层) $\xrightarrow{\text{产生}}$ 视觉。(看到物体)

考霸笔记

错误观点:瞳孔的大小是由睫状体来调节的。

瞳孔的大小是可以改变的,其大小的调节是由虹膜内平滑肌收缩和舒张完成的;而睫状体调节晶状体的曲度,使我们能够看清远近不同的物体。

错误观点:视觉是在视网膜上形成的。

视觉的形成主要包括两个过程:①在视网膜上形成物像;②在大脑皮层的视觉中枢形成视觉。任何一个环节出现障碍,都会导致失明。

考霸笔记

假性近视是由于不注意用眼卫生,使睫状体内的肌肉不能放松造成的,视力可恢复正常。

摘下眼镜
世界就是一片马赛克

(2)近视与远视

近视形成:晶状体的前后径增加(曲度过大),物象落在视网膜前,形成近视。可以通过凹透镜来调节。

远视形成:晶状体的前后径减小(曲度过小),物象落在视网膜后,形成远视。可以通过凸透镜来调节。

(3)眼的保健

近视的预防:"三要"——读写姿势要正确,眼与书的距离要在 33 厘米左右;看书或使用电脑 1 小时后要休息一下,要远眺几分钟;要定期检查视力,认真做眼保健操。"四不要"——不要在直射的强光下看书,不要在光线暗的地方看书,不要躺卧看书,不要走路看书。

预防沙眼:沙眼是由沙眼衣原体感染结膜引起的,靠接触传染,因此不要与患者共用毛巾,不用脏手擦眼等。

核心考点 2 耳与听觉

1.耳的基本结构与功能

外耳:耳郭能收集声波;声波经过**外耳道**传至鼓膜。

中耳:鼓膜能接受声波,产生振动;**鼓室**,由咽鼓管与咽部相通,保持鼓膜内外大气压的平衡;**听小骨**有三块,将鼓膜的振动传导至内耳。

内耳:前庭能感知人体空间位置;**耳蜗**内有听觉感受器,能接受声音刺激产生神经冲动;**半规管**与维持身体平衡有关。

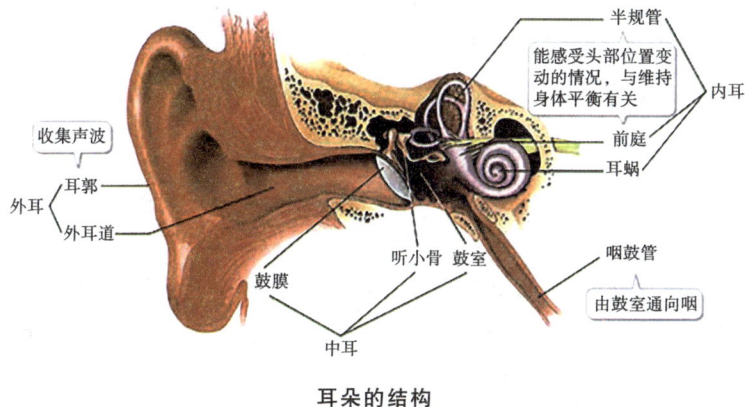

耳朵的结构

2.听觉的形成与保护

(1)听觉的形成

外界声波经过外耳道传到鼓膜,鼓膜振动并带动三块听小骨振动(对声波有放大作用),振动传到耳蜗内的听觉感受器并产生神经冲动,神经冲动沿着听觉神经,传到大脑的听觉中枢,进而产生听觉。

考霸笔记

耳　聋

耳聋一般表现为听力下降或丧失。

耳聋主要有两类:一类是传导性耳聋,这类耳聋是由于外耳道堵塞和鼓膜、听小骨损伤或发生障碍而引起的听力下降;另一类是神经性耳聋,这类耳聋是由于耳蜗、听觉中枢和与听觉有关的神经受到损伤而引起的听力下降或丧失。老年性耳聋、药物中毒性耳聋等,都属于神经性耳聋。

考霸笔记

物像是在视网膜上形成,视觉是在大脑皮层的视觉中枢形成;听觉是在大脑皮层的听觉中枢形成。

若视神经或视觉中枢受损,会引起眼睛失明。

具体如下所示:

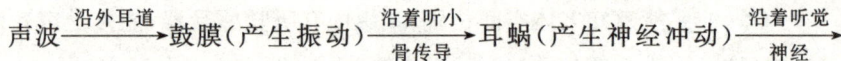

$$声波 \xrightarrow{沿外耳道} 鼓膜(产生振动) \xrightarrow[骨传导]{沿着听小} 耳蜗(产生神经冲动) \xrightarrow[神经]{沿着听觉}$$

大脑的听觉中枢(形成听觉)

(2)听觉的保护

1)不要随便用尖锐器物掏耳屎,以免戳伤鼓膜和外耳道。如有小虫或植物种子进入耳内,应用不同方法清除。

2)人若感冒患咽喉炎时,要经常用盐水漱口,以防病菌通过咽鼓管进入中耳,引起中耳炎。

3)遇到巨大声响时,要迅速张口(或闭口并用双手堵耳),使鼓膜内外的气压保持平衡,以免震破鼓膜。

核心考点 3　其他感觉器官

鼻:鼻腔上端的黏膜中有许多对气味十分敏感的细胞。

舌:上表面和两侧有许多对味道十分敏感的突起,能够辨别酸、甜、苦、鲜、咸等。

皮肤:具有感受外界冷、热、痛、触、压等刺激的功能。

专题十六　人体生命活动的调节(2)——神经系统的组成和功能

核心考点 1　神经系统的组成与功能

神经系统由**脑、脊髓和它们发出的神经**组成。

脑和脊髓组成神经系统的中枢部分;脑神经和脊神经组成神经系统的周围部分。

1.脑

大脑:位于头部的颅腔内,由左右两个大脑半球构成。表面是大脑皮层,大脑皮层具有的功能区有语言中枢、运动中枢、视觉中枢、听觉中枢、躯体感觉中枢。**大脑皮层是调节人体各种生理活动的最高级中枢。**

小脑:位于大脑的后下方,也有两个小脑半球。主要功能是协调运动,维持身体平衡。

脑干:也是脑的组成部分,下部与脊髓相连。在脑干中有些专门调节心跳、呼吸、血压等人体基本生命活动的中枢,如果这些部位受到损伤,心跳和呼吸就会停止,从而危及生命。

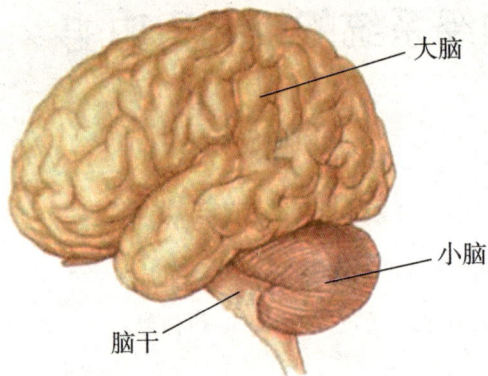

脑的构成

2.脊髓

脊髓位于脊柱的椎管里,上端与脑相连,下端与第一腰椎下缘平齐。具有反射和传导的功能:①**反射功能**,脊髓能对外界或体内刺激产生有规律的反应;②**传导功能**,还能将这些刺激的反应传导到大脑,是脑与躯干、内脏之间的联系通路。

3.神经

由脊髓发出的神经叫脊神经,分布在躯干、四肢的皮肤和肌肉里。由脑发出的神经叫**脑神经**,大都分布到头部的感觉器官、皮肤、肌肉等处。

核心考点 *2*　神经元

1.结构

神经元又叫神经细胞,是神经系统结构和功能的**基本单位**。神经元由**细胞体**和**突起**两部分组成。神经元的突起一般包括一条长而分支少的**轴突**和数条短而呈树状分支的**树突**。

2.功能

神经元受到刺激后能产生兴奋,并且能把兴奋传导到其他的神经元。这种能够传导的兴奋,叫**神经冲动**。也就是说,在神经系统里,兴奋是以神经冲动的方式进行传导的。

3.神经元的分布

神经元的细胞体主要分布在脑和脊髓里。在脑和脊髓里,细胞体密集的部位色泽灰暗,叫**灰质**。在灰质里,功能相同的神经元细胞体汇集在一起,调

考霸笔记

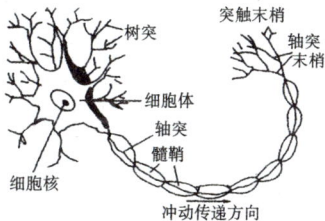

神经元的结构及神经元之间
的相互联系示意图

节人体的某一项相应的生理机能,这部分结构就叫作**神经中枢**。神经元的神经纤维主要集中在周围神经系统里。在周围神经系统里,许多神经纤维集结成束,外面包着由结缔组织形成的膜,就成为一条神经。在脑和脊髓里,也有神经纤维分布,它们汇集的部位色泽亮白,叫**白质**。白质内的神经纤维,有的能向上传导兴奋,有的能向下传导兴奋。

核心考点 3 人体神经调节的基本方式

1.反射与反射弧

神经调节的**基本方式**是反射。人体通过神经系统对外界或内部的各种刺激产生规律性的反应,叫**反射**。如膝跳反射等。

反射的结构基础——反射弧。反射弧应当包括五个部分:感受器、传入神经、神经中枢、传出神经、效应器。

感受器:由传入神经末梢组成,能接受刺激产生兴奋。

传入神经:又叫感觉神经,把外周的神经冲动传到神经中枢里。

神经中枢:接受传入神经传来的信号后,产生神经冲动并传给传出神经。

传出神经:又叫运动神经,把神经中枢产生的神经冲动传给效应器。

效应器:由传出神经的神经末梢和它控制的肌肉或腺体组成,接受传出

考霸笔记

神经元的分布
- 细胞体
  - 主要在中枢部分构成灰质
  - 在周围部分构成神经节
- 神经纤维
  - 在中枢部分构成白质
  - 主要在周围部分构成神经

反射必须通过反射弧来完成,反射弧必须完整,缺少任何一个环节,反射活动都不能完成。如传出神经受损,即使有较强的刺激人体也不会做出反应,因为效应器接收不到传出神经传来的神经冲动。

神经传来的神经冲动,引起肌肉或腺体活动。

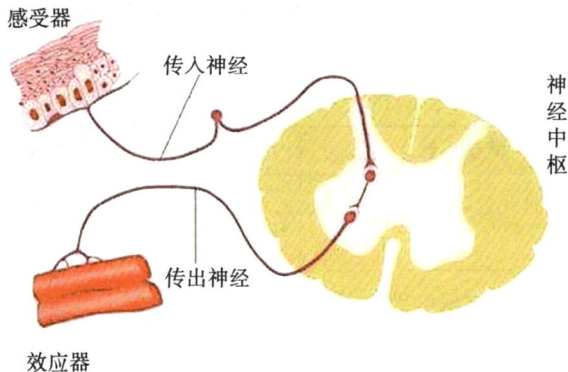

反射弧模式图

2.反射的类型

(1)类型

简单反射(非条件反射):是生来就有的先天性反射,其反射中枢是位于脑干和脊髓的低级中枢。其属于**低级**的神经活动方式。如缩手反应、眨眼反应、排尿反应、膝跳反射。

复杂反射(条件反射):是出生以后,在生活过程中逐渐形成的后天性反射,其反射中枢是位于大脑皮层的高级中枢。其属于**高级**的神经活动方式。如望梅止渴、听见上课铃声进教室。与语言文字有关的反射是复杂的,也是人类所特有的。

(2)简单反射与复杂反射的比较

比较项目	简单反射	复杂反射
概念	在长期进化过程中形成的先天性反射	在个体生活过程中建立的后天性反射
神经中枢	参与反射的中枢位于脑干和脊髓	参与反射的中枢位于大脑皮层
刺激	引起反射的刺激必须是对该感受器的直接刺激	任何无关刺激都可以成为条件反射的刺激
反射弧	反射弧是永久的、固定的	反射弧是暂时的、易变的
适应性	适应范围小,只适应变化小的环境	适应范围广,可以适应多变的环境

考霸笔记

判断一个反射是条件反射还是非条件反射,一是看形成的时间,二是看参与反射的神经中枢。

专题十七　人体生命活动的调节(3)——激素调节

考霸笔记

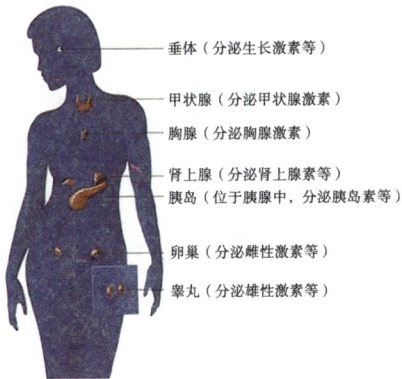

垂体（分泌生长激素等）

甲状腺（分泌甲状腺激素）

胸腺（分泌胸腺激素）

肾上腺（分泌肾上腺素等）
胰岛（位于胰腺中，分泌胰岛素等）

卵巢（分泌雌性激素等）

睾丸（分泌雄性激素等）

人体主要内分泌腺

及其分泌的激素

核心考点 **1** 　内分泌腺和其分泌的激素

1.内分泌腺和外分泌腺

内分泌腺:没有导管的腺,分泌物是激素,量少,并直接进入腺体内毛细血管的血液中,随血液循环送至全身。如垂体、甲状腺、胰岛、性腺、肾上腺等。

外分泌腺:具有导管的腺,分泌物种类不同,量多,并通过导管排出。如汗腺、胃腺、肠腺、唾液腺、皮脂腺等。

外分泌腺与内分泌腺的主要区别:是否具有导管以及分泌物的排出方式。

2.人体主要的内分泌腺

内分泌腺名称	在体内的位置	分泌的激素
垂体	大脑的底部	生长激素

续表

内分泌腺名称	在体内的位置	分泌的激素
甲状腺	颈前部,喉和气管两侧	甲状腺激素
胸腺	胸腔中部	胸腺激素
肾上腺	肾脏的上端,左右各一	肾上腺素
胰岛	胰腺内	胰岛素等
性腺(卵巢、睾丸)	盆腔或阴囊中	性激素

3.激素的功能

生长激素: 促进人体生长发育。

甲状腺激素: 促进人体的生长发育和代谢,提高神经系统的兴奋性。

胸腺激素: 在人体抵御疾病方面具有重要作用。

肾上腺素: 促使心跳加快、心肌收缩力增强。

胰岛素: 加速血糖分解、促进血糖合成糖原。

雄性激素: 调节男性生殖系统发育和第二性征形成和维持。

雌性激素: 调节女性生殖系统发育和第二性征形成和维持。

考霸笔记

激素间的相互作用

协同作用:不同激素对同一生理效应都发挥相同作用,如生长激素和甲状腺激素在促进生长发育方面具有协同作用。

拮抗作用:不同激素对同一生理效应发挥相反作用,如胰岛素和胰高血糖素在调节血糖方面具有拮抗作用。

核心考点 2 激素分泌异常引起的疾病

1.生长激素分泌异常

幼年:分泌过少,易患"侏儒症"。

幼年:分泌过多,易患"巨人症"。

成人:分泌过多,易患"肢端肥大症"。

2.甲状腺激素分泌异常

幼年:分泌不足,易患"呆小症"。

成人:分泌过多,易患"甲状腺功能亢进症"(简称"甲亢")。

3.胰岛素分泌异常

当人体内胰岛素分泌不足时,细胞吸收和利用血糖的能力就会减弱,从而导致血糖浓度超过正常水平,一部分血糖就会进入尿液,形成糖尿,即患上"糖尿病"。糖尿病患者注射"胰岛素制剂"(化学本质为蛋白质)效果显著,但不能口服胰岛素,因为胰岛素会被消化液消化而失去药效。

考霸笔记

碘的生理作用、缺乏症及其治疗办法

1)生理作用:碘是制造甲状腺激素的主要原料。

2)缺乏症:人体内缺碘,会引起甲状腺肿大,即易患"地方性甲状腺肿",俗称"大脖子病"。

3)治疗办法:经常食用海带、紫菜或加碘食盐等。

核心考点 3　激素调节与神经调节的关系

1.激素调节与神经调节的区别

1)在生命活动的调节过程中,如果是激素参与的调节,这种调节方式称为**激素调节**。

2)在中枢神经系统的参与下,人和动物体对体内和体外环境的各种刺激所发生的有规律的反应称为**神经调节**。

2.激素调节与神经调节的联系

1)二者都能调节人体的生命活动。

2)人体的生命活动主要受神经系统的调节,但也受到激素调节的影响。激素调节也是人体生命活动的调节方式之一。

3)二者是相互配合,相互影响,相辅相成的。

考霸笔记

激素调节的三个特点

1)微量和高效:激素在血液中含量很低,但能产生显著的生理效应。

2)通过体液运输:内分泌腺产生的激素扩散到体液中,由血液来运输。

3)作用于靶器官、靶细胞:能被特定激素作用的器官、细胞就是该激素的靶器官、靶细胞。靶器官、靶细胞上含有能和相应激素特异性结合的受体,当激素与受体结合后,引起细胞代谢等的改变,从而起到调节作用。

专题十八　人类活动对生物圈的影响

核心考点 1　生态环境破坏问题

考霸笔记

动物栖息地的保护

保护陆地生活的动物,首先要保证它们生活的基本环境:足够的食物、水分和隐蔽地。由于人类活动的影响,动物的栖息地遭到严重破坏,使动物的生存受到极大的威胁。

保护野生动物最重要的是保护它们的栖息地,不要乱砍滥伐、破坏草原;不要随意堆放垃圾;不要滥用农药和杀虫剂;保护水源和空气也是保护栖息地的重要内容。

不要乱捕滥杀野生动物,不参与非法买卖野生动物,见到违法者应立即向有关部门反映。

1.人类破坏生态环境的实例

人类对生物圈的影响有正面的,也有负面的,其中有许多负面影响,如森林的过度砍伐、环境的污染、对动物的乱捕滥杀等。

2.生态环境遭到破坏后,人类所面临的严峻问题

1)森林破坏后,居民的生活及动植物的生活都会受到严重影响。

2)沙尘暴与人类的活动有密切的关系。

3)鸟类日益减少,生态平衡也会遭到破坏。

核心考点 **2** 探究环境污染对生物的影响

1.大气污染

(1)工业污染

燃料的燃烧,主要是煤和石油燃烧过程中排放的大量有害物质,如烧煤会排出烟尘和二氧化硫,烧石油会排出二氧化硫和一氧化碳等。

生产过程中排出的烟尘和废气,以火力发电厂、钢铁厂、石油化工厂、水泥厂等对大气污染最为严重。

(2)生活性污染

生活炉灶和采暖锅炉耗用煤炭产生的烟尘、二氧化硫等有害气体。

(3)交通运输性污染

汽车、火车、轮船和飞机等排出的尾气。

考霸笔记

农业生产过程中喷洒农药产生的粉尘和雾滴也属于污染。

考霸笔记

2.水污染

造成水体水质、水中生物群落以及水体底泥质量恶化的各种有害物质（或能量）都可叫做水体污染物。水体污染物从化学角度可分为四大类：

(1)无机无毒物

酸、碱、一般无机盐、氮、磷等植物营养物质。

(2)无机有毒物

重金属、砷、氰化物、氟化物等。

(3)有机无毒物

碳水化合物、脂肪、蛋白质等。

(4)有机有毒物

苯酚、多环芳烃、PCB、有机氯农药等。

3.土壤污染

(1)化学污染物

包括无机污染物和有机污染物。前者如汞、镉、铅等重金属,过量的氮、磷植物营养元素以及氧化物和硫化物等;后者如各种化学农药、石油及其裂解产物,以及其他各类有机合成产物等。

(2)物理污染物

指来自工厂、矿山的固体废弃物,如尾矿、废石、粉煤灰和工业垃圾等。

(3)生物污染物

指带有各种病菌的城市垃圾和由卫生设施(包括医院)排出的废水、废物以及厩肥等。

(4)放射性污染物

主要存在于核原料开采和大气层核爆炸地区,以锶和铯等在土壤中半衰期长的放射性元素为主。

4.噪声污染

(1)特点

无污染物存在,不产生能量积累,时间有限,传播不远,振动源停止振动噪声消失,不能集中治理。

(2)来源

交通工具,工厂机器设备,建筑施工和人们的社会、家庭活动。

核心考点 3 保护环境的措施

对污染物的排放进行综合治理。

退耕还林、还草、还湖,建立生态农业。

制定相关政策,避免人们掠夺式的开发和利用。

制定有关的政策和法规,保护生物的生存环境。

考霸笔记

噪声污染的危害

噪声对人类的危害是多方面的,其主要表现为对听力的损伤、睡眠干扰、人体的生理和心理影响等。

专题十九 动物的主要类群(1)

1.腔肠动物

腔肠动物都生活在水中,是构造比较简单的一类多细胞动物,身体由内胚层和外胚层组成,因其由内胚层围成的空腔具有消化和水流循环的功能而得名。腔肠动物是真正的**双胚层多细胞**动物。

腔肠动物具有两种特殊的细胞:**间细胞和刺细胞。间细胞**可以变化形成其他细胞。**刺细胞**是一种可以放出刺丝,具有捕杀猎物和防御敌害功能的细胞。刺细胞是腔肠动物所特有的,它遍布于体表,触手上特别多,因此腔肠动物又被称为**刺细胞动物**。

腔肠动物的身体呈**辐射状**对称,体内有原始消化循环腔,有口,无肛门,口兼具进食及排放食物残渣的功能。腔肠动物口周围有**触手**,触手表面

考霸笔记

所有高等的多细胞动物,都被认为是经过腔肠动物的双胚层结构进化发展而成的。

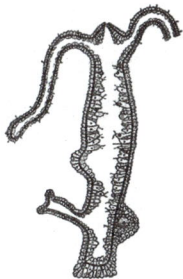

水螅纵剖面图

123

考霸笔记

会"学习"的涡虫

涡虫在光照下舒展身体,电击时收缩身体或转动头端,这是生来就有的,属于先天性行为,也称为本能行为,是通过遗传、自然选择进化而来的。在多次"光照—电击"的配合下,最后只要给光照,涡虫就收缩身体或转动头端,这显然是经多次"光照—电击"结合,涡虫学习到的行为,所以这种见光收缩身体的行为属于后天的学习行为。因此,科学家通过实验法知道了涡虫具有学习能力。

有刺细胞,以作猎食及防卫之用。

水螅是典型的腔肠动物,这类动物的**主要特征**是:生活在水流缓慢的淡水中;身体呈辐射对称;体壁由两个胚层构成;体表有刺细胞;有口无肛门。

2.扁形动物

扁形动物是低等的**三胚层动物**,是动物界进化中的一个新阶段,体形转变成既能游泳又能爬行,背腹平扁两侧对称。身体明显地具有前、后、左、右及背、腹之分。

主要特征是身体背腹扁平,两侧对称,不分节;除内胚层、外胚层以外,还具中胚层;出现了器官和系统。消化管有口,无肛门,具原肾型的排泄系统、梯形神经系统和复杂的生殖系统,多数为雌雄同体;无体腔,器官之间充满了间质。

部分扁形动物在海水、淡水和潮湿土壤中营自由生活,部分种类寄生在其他动物体表或体内。

涡虫是典型的扁形动物,这类动物的**主要特征**是:身体呈两侧对称;背腹扁平;有口无肛门。

核心考点 *2*　线形动物和环节动物

1.线性动物

线形动物的**主要特征**是：身体细长，呈圆柱形，有角质层；有口有肛门。钩虫、蛔虫、蛲虫都是常见的线形动物。

蛔虫寄生在人的小肠里，靠吸食小肠中半消化的食糜生活。它的身体呈圆柱形，前端有口，后端有肛门；体表包裹着一层角质层，起保护作用；消化管的结构简单，肠仅由一层细胞组成，可消化小肠中的食糜，生殖器官特别发达，生殖能力强；没有专门的运动器官，只能靠身体的弯曲和伸展缓慢地蠕动。

2.环节动物

环节动物的**主要特征**是：身体呈圆筒形，由许多彼此相似的体节组成；靠刚毛或疣足辅助运动。常见的环节动物有蚯蚓、沙蚕、蛭。

蚯蚓的身体呈长圆筒形，由许多相似的环形体节构成；蚯蚓身体的前部有几个体节界限不明显；蚯蚓的体壁有发达的肌肉，肌肉与刚毛配合可以完成运动，肠壁也有发达的肌肉，肠可以蠕动，以土壤中的有机物为食；体壁可以分泌黏液，使体表保持湿润，体壁内密布毛细血管，氧气可溶于体表的黏液里，然后

考霸笔记

蚯蚓的结构

进入体壁的血管中,体内的二氧化碳也经体壁的毛细血管由体表排出。

核心考点 **3**　软体动物和节肢动物

1.软体动物

目前已命名的软体动物有 10 万种以上,是动物界的第二大类群。软体动物壳内柔软的身体表面包裹着犹如外套一般的肉质膜,称为外套膜,贝壳就是由外套膜分泌的物质形成的。双壳类动物可以用足缓慢地运动,利用鳃与水流进行气体交换。

软体动物的**主要特征**是:柔软的身体表面有外套膜,大多具有贝壳;运动器官是足。石鳖、蜗牛、乌贼都是软体动物。

2.节肢动物

节肢动物是**最大的动物类群**,目前已命名的种类有 120 万种以上,占所有已知动物种类的 80％以上。昆虫是节肢动物中种类最多的一类动物,如蝗虫。

节肢动物的**主要特征**:体表有坚韧的外骨骼;身体和附肢都分节。虾、蜘蛛、蜈蚣等,都属于节肢动物。昆虫除了具有节肢动物的主要特征外,还有昆虫独有的特征——有一对触角、三对足、一般有两对翅等。

考霸笔记

错误观点:软体动物身体柔软,所以都有贝壳保护。

软体动物的身体柔软,有外套膜,一般具有贝壳,身体藏在壳中,由此获得保护,由于贝壳会妨碍活动,所以它们的行动都相当缓慢,不分节,可区分为头、足、内脏团三部分,体外被套膜。但有的动物贝壳退化,如乌贼,就没有贝壳。

　　蝗虫身体分为**头部、胸部和腹部**三部分。头部负责感觉和摄食,感觉器官有一对触角,三个单眼和一对复眼,口器用于摄食。胸部是运动中心,有三对足,善于跳跃;有两对翅,适于飞行。触角和足等是昆虫的附肢,分节。腹部集中容纳内脏器官。此外,体表有气门,用于呼吸;身体表面包着坚韧的外骨骼。

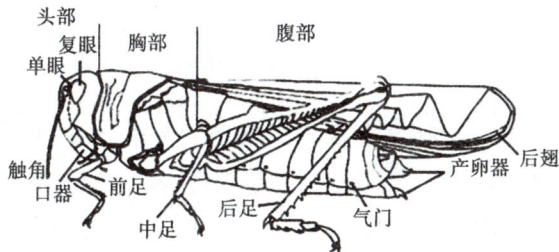

蝗虫的外部形态(去掉一侧的翅)

考霸笔记

其他常见节肢动物

　　蜘蛛:身体分为头胸部和腹部,有四对足,属于节肢动物蛛形类。

　　虾:用鳃呼吸,身体分为头胸部和腹部,有两对触角,头胸部具发达的头胸甲,属于节肢动物甲壳类。

　　蜈蚣:身体是由许多体节组成的,每一节上有一对足,属于节肢动物多足类。

专题二十 动物的主要类群(2)

核心考点 1 无脊椎动物和脊椎动物

无脊椎动物:体内没有由脊椎骨组成的脊柱的动物,统称为无脊椎动物,如腔肠动物、扁形动物、线形动物、环节动物、软体动物、节肢动物。

脊椎动物:身体内有由脊椎骨组成的脊柱的动物,统称为脊椎动物,如鱼类、两栖动物、爬行动物、鸟类和哺乳动物等。

核心考点 2 鱼类

1.鱼类适于游泳的特点

(1)鳍——游泳

鱼类之所以能够在水中生活,至关重要的一点是能靠游泳来获取食物和防御敌害。鱼的游泳靠尾部和躯干部的摆动以及鳍的协调来完成。

考霸笔记

动物的分类除了比较动物的外部形态结构,还要比较动物的内部构造和生理功能。根据动物体内有无脊柱可以把动物分为脊椎动物和无脊椎动物,脊椎动物的体内有由脊椎骨构成的脊柱,无脊椎动物的体内没有脊柱。

躯干部和尾鳍的摆动产生推力,尾鳍的摆动还能调节运动的方向。

胸鳍和腹鳍有维持左右方向平衡的作用。

背鳍和臀鳍有维持上下方向平衡的作用。

(2)鳃——呼吸

鱼的呼吸器官是鳃,但并不是所有的水生动物呼吸器官都是鳃。

鱼可以用鳃利用溶解在水中的氧气。

2.能在水中呼吸的器官——鳃

鱼的呼吸器官是鳃,而鳃中有许多鳃丝,鳃丝在水中时能展开来,离开了水就不能展开。这时,鱼就因得不到充足的氧气而死亡,这是鱼离不开水的主要原因。

因为内含丰富的毛细血管,鱼鳃呈鲜红色;鳃丝既多又细,其作用是大大增加了与水的接触面积,促进血液和外界进行气体交换。

水由鱼口流入鳃,然后由鳃盖后缘(鳃孔)流出。在水流经鳃丝时,水中溶解的氧气进入鳃丝的毛细血管中,而二氧化碳由鳃丝排放到水中;所以经鳃流出的水流与由口流入的水流相比,氧气的含量减少,二氧化碳的含量增加。

考霸笔记

侧　线

　　鱼能在水中自由地上浮、下沉、转向以及停留在某一水层,这与它的侧线感知水流、测定方位有关。

鱼鳃的结构

3.鱼类的主要特征

鱼类的**主要特征**:适于水中生活;体表常被鳞片;用鳃呼吸;通过尾部和躯干部的摆动以及鳍的协调作用游泳。

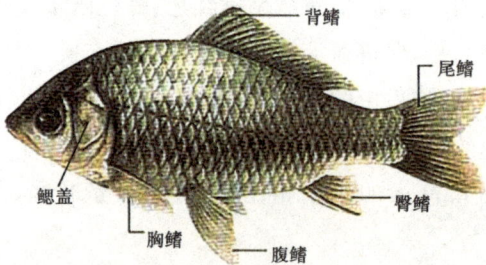

鱼的结构

考霸笔记

鱼类的"浮头"现象

鱼类"浮头"是由水中缺氧所引起的。在夜晚,由于没有阳光的照射,池塘中的藻类无法进行光合作用释放氧气,但呼吸作用时刻都在进行,消耗了大量氧气。在黎明时分,水中含氧量最低。此时,鱼类因为缺氧,便出现"浮头"的现象,甚至跳出水面,试图从空气中吸取氧气。天亮之后,由于池塘中藻类可以进行光合作用,释放氧气,使水中含氧量大大增加,这时,鱼类可以从水中获得足够的氧,便停止了"浮头"。

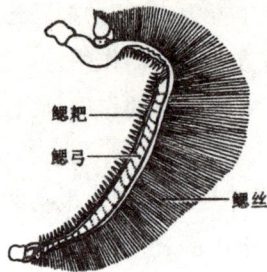

核心考点 *3*　两栖动物和爬行动物

1.两栖动物

(1)两栖动物的主要特征

两栖动物的主要特征是幼体生活在水中,用鳃呼吸;成体大多生活在陆地上,也可在水中游泳,用肺呼吸,皮肤可辅助呼吸。

(2)两栖动物的代表动物——**青蛙**

青蛙是由蝌蚪发育来的。蝌蚪有尾,用鳃呼吸,只能像鱼类一样在水中生活。蝌蚪发育成青蛙以后,尾和鳃都消失了,生出四肢和肺,可以在陆地上生活。但青蛙的肺结构简单,不发达。青蛙的皮肤裸露且能**分泌黏液**,湿润的皮肤里密布毛细血管,也可进行气体交换,以辅助肺呼吸。

考霸笔记

其他两栖动物:蟾蜍、大鲵、蝾螈等。

鼻孔
眼睛
鼓膜
前肢
后肢

青蛙的结构

考霸笔记

其他爬行动物：龟、鳖、蛇、鳄等。

两栖动物将卵产在水中，并在水中受精；爬行动物的卵则产在陆地上，有了卵壳的保护。

2.爬行动物

(1)爬行动物的主要特征

爬行动物的主要特征是体表覆盖角质的鳞片或甲；用肺呼吸；在陆地上产卵，卵表面有坚韧的卵壳。

(2)爬行动物的代表动物——蜥蜴

蜥蜴皮肤干燥，表面覆盖角质的鳞片，既可以保护身体，又能减少体内水分的蒸发，蜥蜴的肺比青蛙的发达，只靠肺的呼吸就能满足蜥蜴在陆地上对氧气的需求。蜥蜴的生殖和发育可以摆脱对水环境的依赖，这也是蜥蜴能终生生活在陆地上的重要原因。

专题二十一　动物的主要类群(3)

核心考点 1　恒温动物和变温动物

　　体温不随外界环境温度的变化而变化的动物叫**恒温动物**；体温随外界环境温度的变化而变化的动物叫**变温动物**。

　　恒温动物因为要维持体温恒定，产热量等于散热量，当温度低时，体内散失到环境中的能量加大，产热也应增大，这时物质代谢加快，耗氧量升高；反之，耗氧量降低。

　　变温动物的体温随环境而变，在一定范围内，温度升高时，酶活性增大，体内氧化速度加快。

考霸笔记

　　鸟类和哺乳动物体内具有良好的产热和散热的结构，体表被毛(羽毛)，所以能维持恒定的体温，属于恒温动物。

　　鱼类、两栖类、爬行类的体温随外界温度的变化而变化，属于变温动物。

核心考点 2　鸟类

1.鸟类适于飞行的特点

1）体呈流线型（可以减少飞翔时空气的阻力）。

2）体表被覆羽毛，前肢变成翼。

3）胸部有高耸的龙骨突，长骨中空（内充空气）。

4）胸肌发达。

5）食量大消化快。即消化系统发达，消化、吸收、排出粪便都很迅速。

6）心脏四腔，心搏次数快，循环系统结构完善，运输营养物质和氧气的能力强。

7）有发达的气囊，既可减轻体重，又与肺构成特有的双重呼吸。

8）喙短，口内无齿，无膀胱，直肠短，粪便尿液及时排出，右侧卵巢、输卵管退化（都是为了减轻体重，适于飞行）。

考霸笔记

翼（翅膀）是鸟类的飞行器官，气囊辅助肺的呼吸。

气管

肺

气囊

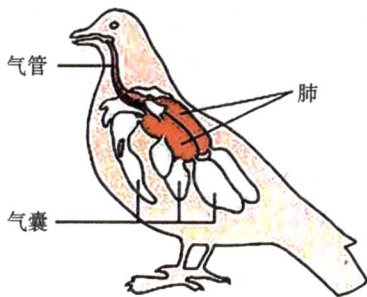

鸟类的呼吸器官

2.鸟类的主要特征

鸟类的主要特征:有喙无齿,被覆羽毛,前肢变为翼,骨中空,内充空气,心脏分四腔,用肺呼吸,气囊辅助呼吸,体温恒定,生殖为卵生。

核心考点 3　哺乳动物

1.哺乳动物的代表动物——家兔

体表:被毛,具有保温作用,用肺呼吸,心脏四腔。

血液循环:血液循环路线分为肺循环和体循环两条路线,输送氧气的能力强,分解有机物快,产生的能量多,体温恒定。

消化:牙齿有门齿(切断食物)、臼齿(磨碎食物)。

考霸笔记

家兔体温恒定的原因

1)体表被毛,起到保温作用。

2)心脏四腔,左右两侧的动脉血和静脉血分开,运输氧的能力加强,氧化的有机物多,所以能量提供的多。

3)大脑发达,能很好地调节体温。

135

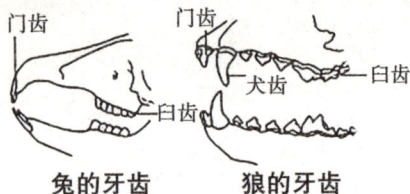

考霸笔记

兔的牙齿和狼的牙齿的异同点

兔的牙齿分为门齿和白齿；狼的牙齿分为门齿、犬齿和白齿。牙齿的不同表明两种动物的食性不同。犬齿尖锐锋利，可用于攻击、捕食和撕裂食物，这说明狼属于肉食性动物；没有犬齿的兔属于草食动物，因为门齿形状似凿，适于切断食物，白齿咀嚼面宽，易于磨碎食物。

盲肠发达：分解植物纤维，与植食性生活相适应。

神经：神经系统发达，可调节体温（大脑发达、神经布满全身）。

生殖：胎生（有胎盘），哺乳，大大提高后代成活率。

运动：跳跃（后腿比前腿发达）。

2.哺乳动物的基本特征

体表被毛；牙齿有门齿、犬齿、白齿的分化；体腔内有膈；用肺呼吸；心脏有完整分隔的四腔；体温恒定；大脑发达，多为胎生，哺乳。膈是哺乳动物特有的特征。

核心考点 4　陆地生活的动物对环境的适应

动物	体表	呼吸器官	运动器官	神经系统
蛇	角质鳞	肺	骨骼和肌肉	发达
蝗虫	外骨骼	气管	足和翅	发达
家兔	毛	肺	四肢	发达

续表

辨析	1)体表的角质鳞、外骨骼和被毛都能防止体内水分的蒸发,这是对干燥陆地环境的适应 2)肺和气管可以直接利用空气中游离的氧气 3)多样的运动器官,多样的运动方式都可以迅速逃避敌害和取食 4)发达的神经和感觉系统可以更好地适应多变的陆地环境,有利于生存 5)昆虫的血液中无运输氧的蛋白质,身体所需要的氧是由独立的气管系统来完成的。在身体两侧有两条纵向的大气管,通过 10 对气门与外界相连,气管进入体内越分越细,最细的气管与身体中的细胞进行气体交换

考霸笔记

陆地环境与水域环境的比较

1)空气中含氧量比水中充足。

2)水的密度比空气的大。

3)水温比较恒定。

4)陆地环境具有多样性。

核心考点 5 动物与陆地生活相适应的特点

陆地环境的特点	气候干燥	没有水的浮力	暴露在空气中	栖息环境复杂多样
动物适应陆地环境的结构特点	都有防止水分散失的结构	具有支持躯体和运动的器官	一般具有能在空气中呼吸的位于身体内部的呼吸器官	具有发达的感觉器官和神经系统
适应方式具体表现	体表有外骨骼、角质层、甲或被毛	肌肉、骨骼或四肢	湿润体壁、气管、肺	感觉器官灵敏、神经系统发达

考霸笔记

动物可以跨越多种环境而生存

　　生物圈中动物的活动范围并不只局限于水中、陆地或空中，而是跨越多种环境。例如，鸟类在空中飞行，但还要到陆地或水中栖息；水生动物中的龟、鳖还要到岸边的泥滩上产卵；昆虫中的蚊，幼体生活在水中，成体在陆地上栖息和在空中飞行。

专题二十二 动物的运动和行为

核心考点 **1** 动物的运动

1.哺乳动物的运动系统

(1)组成

哺乳动物的运动系统由**骨骼(骨和关节)**和**肌肉**组成,其生理功能是**运动、支持和保护等**。

运动系统的组成:

$$
\begin{cases}
骨骼 \begin{cases} 骨 \\ 骨连接(能活动的骨连接叫关节) \end{cases} \\
骨骼肌 \begin{cases} 肌腹:由肌肉组织组成,能够收缩和舒张 \\ 肌腱:位于骨骼肌两端,分别附着在两块相邻的骨上,属于结缔组织 \end{cases}
\end{cases}
$$

考霸笔记

骨骼肌的特性:肌肉无论受到哪种刺激(包括由神经传来的兴奋)往往会发生收缩,停止刺激,肌肉舒张。

考霸笔记

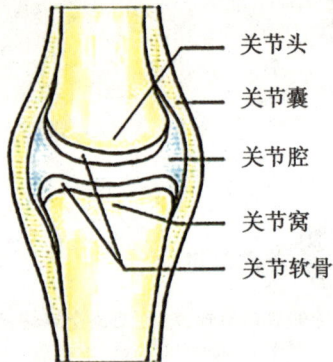

关节示意图

关节头
关节囊
关节腔
关节窝
关节软骨

脱臼:关节头由关节窝中滑脱出来的现象。

(2)关节的结构和功能

关节的结构	关节面	关节头	表面覆盖着光滑的关节软骨,以减少两骨之间的摩擦和缓冲运动中的震荡
		关节窝	
	关节囊		由结缔组织包绕整个关节,牢固地连接相邻两骨;囊壁的内表面能分泌滑液;内外有许多韧带,使关节更加牢固
	关节腔		关节腔内具有滑液,可减少摩擦,增强关节活动的灵活性
功能			关节在运动中起支点作用

2.运动的产生过程

受刺激收缩,当骨骼肌受神经传来的刺激收缩时,会牵动骨头绕关节活动,于是躯体就会产生运动。

运动由运动系统、神经系统(调节)、消化系统(吸收营养物以提供能量)、呼吸系统(提供氧气,排出二氧化碳)、循环系统(运输营养物质和代谢废物)相互配合,共同完成的。

动作产生的意义:动物发达的运动能力,有利于觅食和避敌,以适应复杂多变的环境。

3.骨、关节、骨骼肌的协作

肘部屈伸由两组肌肉群共同完成。

屈肘：肱二头肌收缩,肱三头肌舒张。

伸肘：肱二头肌舒张,肱三头肌收缩,双手自然下垂,肱二头肌和肱三头肌同时处于舒张状态,双手有重物同时处于收缩状态。

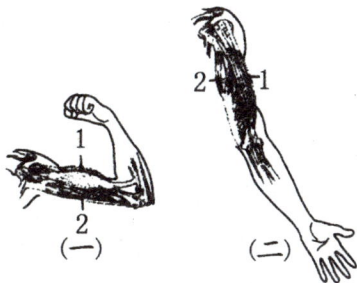

上臂肌肉协调示意图
(一)屈肘　(二)伸肘
1 肱二头肌　2 肱三头肌

考霸笔记

人体运动的形成是以"骨为杠杆,关节为支点,骨骼肌收缩为动力"。

人体的任何一个动作,都是由多组肌群在神经系统的支配下,相互配合共同完成的。

考霸笔记

取食行为：动物获取营养的各种活动，包括寻找、获取、加工、摄入和储食等。

繁殖行为：动物产生和培育下一代的行为，包括占区、求偶、交配、筑巢、孵卵及抚幼等。

攻击行为：个体之间由于争夺食物、配偶、巢区或领域而发生的相互攻击行为。

防御行为：是动物由于外来敌害而保护自身或群体中其他个体不受伤害所表现出来的行为。

核心考点 2　先天性行为和学习行为

动物的行为有取食、繁殖、迁徙、防御等行为。

1.先天性行为

动物生来就有的，由动物体内的遗传物质决定的行为。

2.学习行为

在遗传因素的基础上，通过环境因素的作用，由生活经验和学习而获得的行为。

3.区分动物的先天性行为和学习行为

1)先天性行为：是动物生来就有的，由动物体内的遗传物质所决定的行为，所有的同种个体都具有。如蜜蜂采蜜。

"我天生就是采蜜高手"

2)**学习行为**:是在遗传因素的基础上,通过环境因素的作用,由生活经验和学习而获得的行为。

3)学习行为与先天性行为的划分不是绝对的,有些本能行为会随以后的学习行为而得到补充,使其更加完善。

4)学习行为是建立在先天性行为基础上的。没有先天性行为的基础,就没有后天性的学习行为。

考霸笔记

错误观点:学习行为仅是由遗传物质决定的。

先天性行为是由动物体内的遗传物质决定的行为。学习行为有遗传因素的作用,还受到环境因素的影响,是在两者共同作用下,通过学习和经验而获得的。例如,狼孩虽然具有人的遗传物质,但也具有像狼似的嚎叫、食生肉等行为。

考霸笔记

有的动物有群集性,如蝗虫,但它们不具有分工,不具有社会性,不是社会行为。

通讯:一个群体中的动物个体向其他个体发出某种信息,接收信息的个体产生某种行为的反应,这种现象就叫通讯。

注意:我们学习的是捕食食物链,起于生产者,止于顶级消费者。

核心考点 3 社会行为

1.社会行为的特点

1)动物营群体生活,有集群的特点,是**一群动物**,不是单一个体的动物。
2)动物内部往往有一定的组织,成员之间有**明确的分工**,成员之间是合作关系。
3)有的群体中存在**等级关系**。

2.群体中的信息交流

1)动物的通讯方式有动作、声音、气味、激素等。
2)生物与环境是物质流、能量流和信息流的统一体。

核心考点 4 动物在自然界中的作用

1.在生态平衡中的重要作用

担任消费者的角色:
1)**食物链**是指生物之间由于捕食与被捕食而形成的一种关系。
2)生态平衡是一个动态的**相对的平衡**,不是一个绝对的平衡。

2.促进生态系统的物质循环

通过取食和呼吸作用促进物质循环。物质的循环不单指碳的循环,还有磷、钾的循环等,但不同的物质循环的形式和时间长短不同。

3.帮助植物传粉、传播种子

动物与植物相互适应,相互依存,协同进化。植物为动物提供食物(果实和花蜜等),动物帮助植物传播种子,扩大了生存范围,两者是相互有利的。

核心考点 5　动物与人类生活的关系

1.动物在人们生活中的作用

人们的肉、蛋、奶等的供给离不开动物。

2.动物与生物反应器

生物反应器:利用酶或生物体(如微生物)所具有的生物功能,在体外或体内进行生化反应的装置系统,如发酵罐、固定化酶或固定化细胞反应器等。

转基因动物:以实验方法导入外源基因,在染色体组内稳定整合并能遗传给后代的一类动物,如转基因牛。

3.动物与仿生

通过对生物的认真观察和研究,模仿生物的某些结构和功能来发明创造各种仪器设备,这就是**仿生**。

考霸笔记

动物反应器中常见的是乳房生物反应器。乳房生物反应器的优点:产品质量稳定;产品成本低;研制开发周期短;无污染。

专题二十三　细菌和真菌(1)

考霸笔记

　　酵母菌菌落特征(与细菌相似)：比细菌大而厚，不透明，表面光滑、湿润、黏稠，易用针挑起。多呈乳白色。

　　放线菌菌落特征：致密、坚硬、多皱，不易用针挑起，不透明。孢子成熟后，表面呈粉末状，干燥(常有土腥味)。

　　霉菌菌落特征：比细菌菌落大，常呈疏松的绒毛状、絮状或蜘蛛网状，有的无固定大小，延至整个培养基中，产色素，使菌落显色。

核心考点 1　细菌和真菌的分布

1.菌落

菌落：细菌很小，要观察细菌形态的话一定要借助高倍光学显微镜或电子显微镜。一个细菌或真菌繁殖后形成的肉眼可见的集合体称为菌落。

细菌菌落的特点：比较小，表面或光滑黏稠，或粗糙干燥，大多色浅，呈现白或黄的颜色。

真菌菌落的特点：比较大，霉菌的菌落常呈绒毛状、絮状或蜘蛛网状，有的还能呈现出红、褐、绿、黑、黄等不同的颜色。

2.菌落的培养

配制培养基：用琼脂和牛肉汁(或土壤浸出液、牛奶等)混合在一起配制而成。

高温灭菌:将配制好的培养基倒入其他容器内,进行高温灭菌,冷却后即可使用。

接种:将少量细菌或真菌转移到培养基上的过程,叫作接种。接种时注意不要将培养基暴露在未经过滤等方法除菌的空气中。

恒温培养:将接种后的培养皿放在恒温箱或者温度适宜的环境中进行培养。

3.细菌、真菌生活的条件

细菌、真菌生活的**基本条件**:营养物质、适宜温度、水分、生存空间。不同的细菌和真菌还要求某些特定的条件,如有些细菌和真菌需要氧气才能生活,有些只能在无氧条件下生存。

核心考点 2 细菌

1.细菌的发现

1)细菌是由荷兰人**列文虎克**(他制作了能放大 200～300 倍的显微镜)发现的。

2)法国的巴斯德进行了**"鹅颈瓶肉汤"**实验,证实肉汤的变质是由来自空气中的细菌造成的。

考霸笔记

每种细菌在一定条件下都能形成固定的菌落特征。不同种或同种在不同的培养条件下,菌落特征是不同的。这些特征对菌种识别、鉴定有一定的意义。

"鹅颈瓶肉汤"实验

巴斯德将煮熟的肉汤放在一个大烧瓶中,并将瓶颈拉成鹅颈状,这样,外界空气中的细菌便不会落到肉汤里。4 年后,他打开鹅颈瓶,发现肉汤依然新鲜,他又将瓶子摇晃了几下,再放置几天,结果肉汤变质了。这说明使肉汤腐败的细菌不是自然发生的,而是来自空气中已经存在的细菌。

2.细菌的形态和结构

细菌很小,10亿个细菌堆积起来只有一颗小米粒大,单细胞。(病毒比它还小)

细菌的**形状**:呈球、杆、螺旋状。

细菌的**结构**:

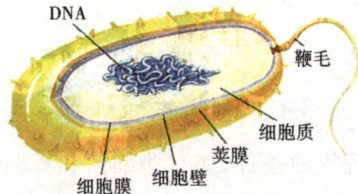

细菌结构示意图

一个细菌也是一个细胞。它和动植物的细胞都不同,主要区别在于它虽有 DNA 集中的区域,却没有成形的细胞核。此外,细菌有细胞壁(有些细菌的细胞壁外有荚膜,有些细菌生有鞭毛),却没有叶绿体,大多数细菌只能利用现成的有机物生活,并把有机物分解为简单的无机物。它们一般是生态系统中的**分解者**。

3.细菌的营养方式和生殖

细菌的**营养方式(异养):腐生和寄生**(靠现成的有机物来生活)。

考霸笔记

细菌的营养方式

大多数细菌只能利用现成的有机物生活,并把有机物分解为简单的无机物,这种营养方式属于异养。

异养细菌包括腐生和寄生两类。寄生的细菌从活的动植物体内吸取有机物生活(如痢疾杆菌);腐生的细菌依靠分解动植物遗体、遗物,从中吸取有机物生活,它们是生态系统中的分解者(如枯草杆菌)。

只有极少数细菌能自己制造有机物维持生活,其营养方式属于自养(如硫细菌)。

细菌的生殖：细菌是靠分裂进行生殖的,分裂生殖的时间一般为 20～30 分钟一次。有些细菌在生长发育后期,个体缩小、细胞壁增厚,形成芽孢。芽孢是细菌的休眠体,对不良环境有较强的抵抗能力。

4.动物、植物、细菌细胞的对比

		细菌细胞	植物细胞	动物细胞
基本结构	细胞壁	有	有	无
	细胞膜	无	有	有
	细胞核	无成形的细胞核	有	有
	细胞质	有	有	有
特有结构	叶绿体	无	部分有	无
	线粒体	无	有	有
	鞭毛	部分有	无	无
	荚膜	部分有	无	无

考霸笔记

细菌无成形的细胞核,也就是指在遗传物质的外面没有核膜包着,而植物和动物细胞核的外面有核膜包被,这是原核生物和真核生物的主要区别。

考霸笔记

出芽生殖

出芽生殖即芽殖,是酵母菌最常见的繁殖方式。在良好的营养和生长条件下,酵母生长迅速,这时可以看到大多数细胞上都长有芽体,而且在芽体上还可形成新的芽体,所以经常可以见到呈簇状的细胞团。

芽体的形成过程:在母细胞形成芽体的部位,由于水解酶对细胞壁多糖的分解,使细胞壁变薄。大量新细胞物质——核物质(染色体)和细胞质等在芽体起始部位上堆积,使芽体逐步长大。当芽体达到最大体积时,它与母细胞相连的部位形成一块体壁(成分是由葡聚糖、甘露聚糖和几丁质构成的复合物)。最后,母细胞与子细胞在隔壁处分离。于是,在母细胞上就留下一个芽痕。

核心考点 3 **真菌(酵母菌、蕈菌)**

1.酵母菌

1)**形态**:单细胞,无色。

2)**结构**:细胞壁、细胞膜、细胞质、细胞核、液泡(无叶绿体)。

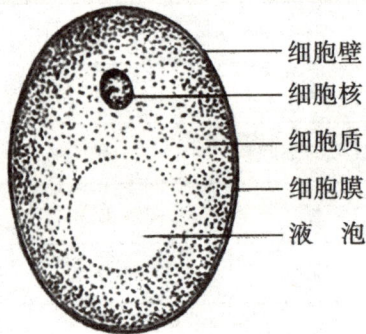

细胞壁
细胞核
细胞质
细胞膜
液 泡

真菌的结构

3)**营养方式**:异养中的腐生生活,在有氧和无氧条件下都能生活。

4)**生殖方式**:出芽生殖,特殊情况下进行孢子生殖。

2.霉菌(青霉、曲霉)

1)**形态**:多细胞个体,由许多菌丝组成。

直立菌丝:有些菌丝长在营养物质的表面并向上生长,叫直立菌丝。直立菌丝顶端生有不同颜色的孢子囊或孢子。

营养菌丝:有些菌丝蔓延到营养物质的内部吸收有机物,叫作营养菌丝。

2)结构:

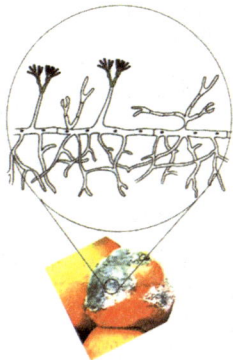

青霉:顶端孢子囊呈扫帚状　　曲霉:顶端孢子囊呈放射状

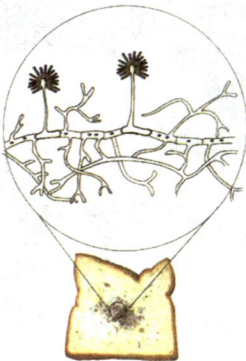

3)生殖:**孢子生殖**。

4)营养方式:**异养(腐生)**。

考霸笔记

青霉和曲霉的异同

不同点:青霉直立菌丝顶端着生孢子的结构呈扫帚状,孢子一般呈青绿色。曲霉直立菌丝顶端着生孢子的结构呈放射状。孢子随种类不同呈现黄色、褐色、绿色、橙红色或黑色等。

相同点:都由多细胞连接形成的菌丝构成,细胞都有细胞壁、细胞膜、细胞质、细胞核,营养方式都为异养腐生,都能产生孢子,靠孢子繁殖。

3.蕈菌

1) **结构：**菌盖（包括表皮、菌肉和菌褶）、菌柄（常有菌环和菌托）、菌丝体。

2) **营养方式：**异养（腐生）。

3) **生殖：**孢子生殖。

4) **生活环境：**阴暗潮湿，有机物丰富，温暖的地方。

蕈菌结构图如下：

蕈菌结构图

考霸笔记

错误观点：细菌和真菌都是有害的。

人们常常"谈菌色变"。其实在自然界中，大多数的菌类对人类是有益的，只有少数是有害的。例如，苏云金杆菌、白僵菌可以杀死许多害虫；醋酸菌可用于制醋；乳酸菌可以制泡菜、酸奶；制甲烷离不开甲烷菌；根瘤菌可使豆科植物生长良好；有些真菌，如各种蘑菇、木耳等，可以食用。由此可见，并不是所有的细菌和真菌都是有害的。

专题二十四 细菌和真菌(2)及病毒

核心考点 1 细菌和真菌在自然界中的作用

1.细菌和真菌在自然界中的作用

(1)作为分解者参与物质循环

担任分解者角色的微生物是**腐生生活**的细菌和真菌,寄生的细菌、真菌、病毒无此作用。

(2)引起动植物和人患病

引起动植物和人患病都是**寄生生活**的菌类。它们可以寄生在动植物的体表或体内。

(3)与动植物共生

共生在一起的两种生物互惠互利。寄生关系的两种生物,对寄生生物有利,对寄主有害。

考霸笔记

共生:有些细菌和真菌与动物或植物共同生活在一起,相互依赖,彼此有利,这种现象叫共生。如豆科植物体内有固氮作用的根瘤菌;食草动物体内存在分解纤维素的细菌;人的肠道中有一些细菌能制造维生素 B_{12} 和维生素 K,对身体有益;地衣实际上是真菌与藻类共生在一起形成的。

2.人类对细菌和真菌的利用

(1)细菌、真菌与食品的制作

发酵:细菌和真菌等将复杂的有机物分解转化为简单的物质的过程。如将淀粉等有机物转化为葡萄糖、酒精等。

常见发酵原理及应用:

菌种	酵母菌		乳酸菌	醋酸菌	多种霉菌
分解的有机物	葡萄糖		葡萄糖	葡萄糖	淀粉、蛋白质等
	有氧条件	无氧条件			
发酵产物	二氧化碳	酒精	乳酸	醋酸	葡萄糖、氨基酸等
应用	馒头、面包	酿酒	泡菜、酸奶	酿醋	酱油或酱料

(2)细菌、真菌与食品的保存

食品保存的原理:把食品内的细菌和真菌杀死或抑制它们的生长和繁殖。由于细菌或真菌的生存需要适宜的温度、一定的水分等条件,故可以采用高温处理、低温处理以及减少食品中的水分等方式保存食品。

考霸笔记

传统发酵食品:饮品有啤酒、果酒(如葡萄酒)、白酒、米酒;食物有面包、馒头、奶酪、酸牛奶;调味品有酱料、酱油、醋等。

保存方法	原理	举例
脱水法	除去水分,抑制细菌和真菌生长和繁殖	保存蘑菇
晒制与烟熏法		腊肉类熟食
渗透保存法		果脯
腌制法		咸鱼
巴氏消毒法	较高温杀菌	袋装牛奶、盒装牛奶
真空包装法	破坏需氧菌类的生存环境	袋装肉肠
罐藏法	高温灭菌并防止与空气接触	肉类罐头
冷藏法、冷冻法	低温可以抑菌	肉类、鱼类冷冻
防腐剂法	用二氧化硫等杀灭细菌	—
射线法	用紫外线、X 射线等杀灭细菌	—

(3)细菌、真菌与疾病防治

有些真菌可以产生杀死或抑制某些致病细菌的物质,这些物质称为<u>抗生素</u>。抗生素可以用来治疗相应的疾病。如青霉产生的青霉素,可治疗肺炎、脑膜炎、淋病等多种细菌性疾病。

(4)细菌与清洁能源和环境保护

<u>生产沼气</u>:甲烷菌是一种厌氧菌,在没有氧气的情况下,可以分解有机物

考霸笔记

转基因药物

利用转基因工程产生转基因细菌,使这些细菌能够生产药品,以治疗某些人类疾病。

产生氢,氢和二氧化碳结合生成甲烷,即我们平时所说的沼气。

净化污水:一些细菌能利用污水中的有机酸、氨基酸等有机物,使有机物进一步分解。

核心考点 2　病毒

1.病毒的发现历程

1)19 世纪末,科学家伊万诺夫斯基在研究烟草花叶病的病因时,发现了比细菌还小的病原体——滤过性病毒。

2)科学家莱夫勒和弗罗施在研究动物的口蹄疫时,证明了口蹄疫也是"滤过性病毒"引起的。

3)20 世纪初,科学家用电子显微镜观察到烟草花叶病毒是一种杆状颗粒。

2.病毒的形态

病毒的个体十分微小,比形态较小的细菌还要小得多,只有在电子显微镜下才能看到。因而用纳米为单位来表示它们的大小。在电子显微镜下可以发现病毒的形态多种多样,有杆形的、球形的和蝌蚪形的。

考霸笔记

由病毒引起的疾病

现在我们知道的一些传染病,例如,流感、艾滋病、口蹄疫、鸡瘟、腮腺炎、萝卜花叶病、病毒性肝炎、流行性乙型脑炎等都是由病毒引起的。

3.病毒的种类(按寄主划分)

病毒不能独立生活,必须寄生在其他生物的细胞内,根据寄生的细胞不同,可将病毒分为三类:

1)**动物病毒**:专门寄生在人和动物细胞内,如流感病毒。

2)**植物病毒**:专门寄生在植物细胞内,如烟草花叶病毒等。

3)**细菌病毒**:专门寄生在细菌细胞内,也叫噬菌体,如大肠杆菌噬菌体。

4.病毒的结构

病毒的结构简单,**没有细胞结构**,由**蛋白质外壳**和**内部的遗传物质**组成。

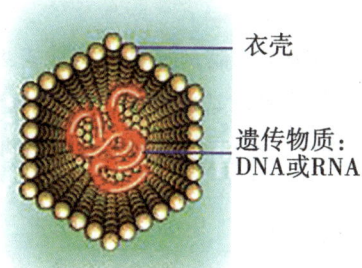

病毒的基本结构

考霸笔记

病毒一旦离开活细胞,通常变为结晶体。

考霸笔记

遗传物质

蛋白质

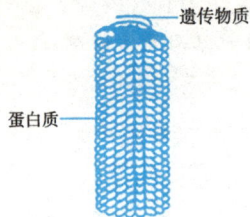

烟草花叶病毒

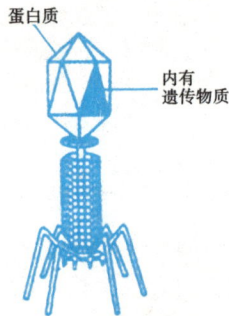

蛋白质

内有
遗传物质

大肠杆菌噬菌体

5.病毒的生活

病毒寄生在活细胞里,靠自己遗传物质中的遗传信息,利用寄主细胞内的物质,制造出新的病毒。原来的寄主细胞被破坏,新的病毒又可以继续感染其他的活细胞。

6.病毒与人类生活的关系

(1)有益方面

用于**疾病的防治**:如利用噬菌体专门感染细菌的特性,治疗人类和动植物的某些细菌性传染病;利用减毒或无毒的病毒制造疫苗,防治病毒性传染病等。

用于**生物防治**:喷洒动物病毒制剂浸染农林业害虫,防治农林业虫害等。

用于**基因工程**:利用病毒携带某些基因进入正常细胞,达到转基因的目的。如得到转基因酵母菌提高酒精的生产量,人获得抑制癌细胞的基因进行基因治疗疾病等。

(2)有害方面

病毒种类多,会导致人和动植物患病,如流感、口蹄疫等病毒性传染病。

核心考点 3　细菌、真菌、病毒的比较

名称	结构特点	营养方式	生殖方式
细菌	单细胞。由细胞壁、细胞膜、细胞质构成,无成形的细胞核	异养,如葡萄球菌、大肠杆菌、自养,如硫细菌和硝化细菌等	枯草杆菌、乳酸菌分裂生殖
真菌	少数单细胞,多数多细胞。由细胞壁、细胞膜、细胞质和成形的细胞核构成	腐生,如酵母菌、霉菌(青霉、曲霉、根霉和毛霉)、蕈菌等 寄生,如头癣、灰指甲中的真菌等	多数孢子生殖,少数出芽生殖
病毒	由蛋白质组成的外壳和遗传物质(DNA或 RNA)构成的核心所组成。(无细胞结构)	寄生(离开寄主就失去生命活动),如流感、口蹄疫、艾滋病、花叶病等	增殖(复制)

考霸笔记

"吃"细菌的病毒——噬菌体

噬菌体是一种能"吃"细菌的病毒,它在自然界中分布很广。凡是有细菌的地方,都有它们的行踪。噬菌体往往有各自固定的食谱,有专爱"吃"乳酸杆菌的噬菌体,还有专爱"吃"水稻白叶枯病细菌的噬菌体等。

人们利用噬菌体"噬菌如命"的特点,让其为人类造福。例如,在医学领域,医生们已经成功应用噬菌体来治疗烫伤和烧伤。烧伤病人的皮肤上很容易繁殖绿脓杆菌,这正好可以满足噬菌体的"饱餐"要求。

专题二十五　生物的多样性及其保护

 考霸笔记

有种子的植物可以分为裸子植物和被子植物；被子植物又可以分为单子叶植物和双子叶植物。

无种子的植物可以分为藻类植物、苔藓植物和蕨类植物。

按从简单到复杂的顺序排列：藻类植物、苔藓植物、蕨类植物、裸子植物和被子植物。

考虑了植物的根、茎、叶（叶脉）、花、果实、种子等。

被子植物中，花、果实、种子是分类的重要依据。

核心考点 1　根据生物的特征进行分类

1.植物的分类

植物分类的主要依据是植物在形态结构方面的特征。

植物的分类：

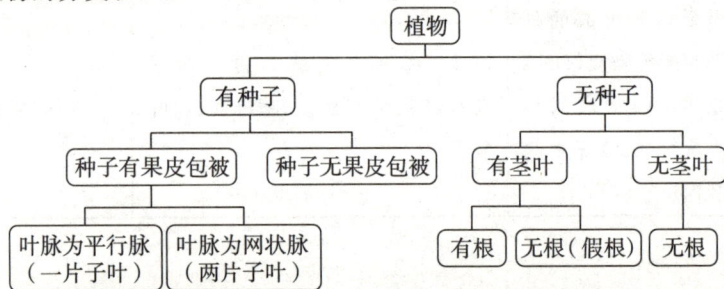

2.动物的分类

比较外部形态结构、内部构造和生理功能。

1)若分为两组,则分别是无脊椎动物和脊椎动物。

无脊椎动物:蚯蚓、蜜蜂和蜘蛛等;

脊椎动物:鱼、青蛙、蟾蜍、蜥蜴、壁虎、鸟、猫和虎等。

2)无脊椎动物可以分为 6 组,它们分别是:

腔肠动物——水螅;　　**扁形动物**——涡虫;

线形动物——蛔虫;　　**环节动物**——蚯蚓;

软体动物——河蚌;　　**节肢动物**——蝗虫。

脊椎动物可分为 5 组,分别是:

鱼类——鱼;

两栖类——青蛙、蟾蜍;

爬行类——蜥蜴、壁虎;

鸟类——鸟;

哺乳类——猫、虎。

考霸笔记

　　动物按从简单到复杂的顺序排列为:

　　腔肠、扁形、线形、环节动物→软体、节肢动物→鱼类→两栖类→爬行类→鸟类→哺乳类

考霸笔记

植物界有若干个门,每个门的所有植物都有一些共同特征。

每个门有成百上千种生物,但每一个种里,只有一种生物。因此,"种"是最基本的分类单位。

在采用等级法进行分类的时候,分类的单位越大,所包含的生物种类越多,物种之间的相似程度越小;分类单位越小,所包含的生物种类越少,物种之间的相似程度越大。

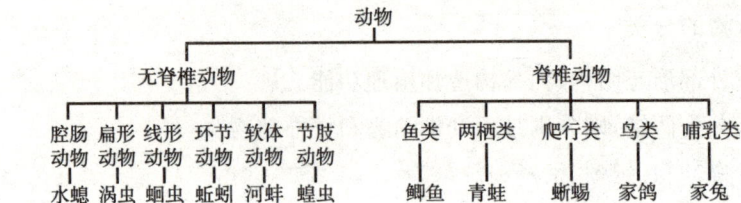

```
                          动物
            ┌──────────────┴──────────────┐
        无脊椎动物                      脊椎动物
   ┌───┬───┬───┬───┬───┐      ┌────┬────┬────┬────┬────┐
  腔肠 扁形 线形 环节 软体 节肢    鱼类 两栖类 爬行类 鸟类 哺乳类
  动物 动物 动物 动物 动物 动物
  水螅 涡虫 蛔虫 蚯蚓 河蚌 蝗虫   鲫鱼 青蛙  蜥蜴 家鸽 家兔
```

3.细菌、真菌的分类

根据细菌和真菌的特征来进行分类。如根据不同真菌的形态结构特征,可将真菌分为酵母菌、霉菌、蕈菌等类群。

核心考点 2 从种到界

1.生物的7个等级分类单位

真正要对生物进行科学的分类,就要弄清楚生物之间的亲缘关系,要根据生物之间的相似程度,将生物分为不同等级的分类单位。以便认识生物的多样性和如何保护生物的多样性。

将生物分为植物界、动物界和其他的几个界。生物的分类单位,从大到小依次是:界、门、纲、目、科、属、种。同种生物的亲缘关系最密切。

2.看一看,马是如何被列入不同等级分类单位的

种:所有的马都属于动物的同一物种。

属:斑马与马,都归入马属。

科:斑马、马和毛驴都属马科。

目:斑马、马、毛驴和犀牛,都属奇蹄目(脚趾为单数的动物)。

纲:斑马、马、毛驴、犀牛及其他哺乳动物都归入哺乳纲。

门:所有的脊椎动物都属于脊索动物门。

3.植物的分类方法

种——桃

属——桃属

科——蔷薇科

目——蔷薇目

纲——双子叶植物纲

门——种子植物门

界——植物界

考霸笔记

我是马科的,也想和你们做好朋友!

咱俩是马属的,咱们做好朋友吧!

核心考点 3　认识生物的多样性

生物多样性是生物及其与环境形成的生态复合体,以及与此相关的各种生态过程的总和,由遗传(基因)多样性、物种多样性和生态系统多样性3个层次组成。

考霸笔记

林奈与双名法

林奈(1707—1778)为瑞典著名的植物学家,在《自然系统》中正式提出科学的生物命名法——双名法,林奈双名法的内容包括属名和种加词。

1.遗传(基因)多样性

遗传(基因)多样性是指生物体内决定性状的遗传因子及其组合的多样性。

2.物种多样性

物种多样性是生物多样性在物种上的表现形式,也是生物多样性的关键,它既体现了生物之间及环境之间的复杂关系,又体现了生物资源的丰富性。

3.生态系统多样性

生态系统多样性是指生物圈内生物、生物群落和生态过程的多样性。

4.三个层次之间的关系

1)物种多样性是生物多样性的最直观的体现,是生物多样性概念的中心。物种多样性影响生态系统多样性。

2)基因的多样性是生物多样性的内在形式。基因多样性决定物种多样性,物种多样性的实质是基因多样性。

3)生态系统的多样性是生物多样性的外在形式。生态系统发生剧烈变化时会加速物种多样性和基因多样性的丧失。

核心考点 4　生物多样性面临的威胁及其原因

　　生物多样性面临威胁是各种因素综合作用的结果。人口的快速增长、人们向自然环境索取的资源越来越多,是生物多样性面临威胁的根本原因。

　　生物多样性面临威胁的原因主要包括以下 4 个方面:

　　1)**栖息地的破坏或丧失**是导致生物多样性面临威胁的**主要原因**。

　　2)**掠夺式的开发和利用:**乱砍滥伐和乱捕滥杀使我国生物多样性受到严重威胁。

　　3)**环境污染:**生活污水、工业废水等造成环境污染,导致水生生物大量死亡。

　　4)**外来生物入侵:**如外来物种水葫芦的疯长,导致其他水生动植物种类和数量减少。

　　物种的灭绝是一个自然过程,但目前人类的破坏性活动大大加快了物种灭绝的速度。物种一旦灭绝,便不可再生,生物多样性的消失,将造成农业、医药卫生保健、工业方面的危机,且造成生态环境的破坏,威胁人类自身的生存。

考霸笔记

　　我国是生物种类最丰富的国家之一。其中苔藓、蕨类和种子植物的种数仅次于巴西和哥伦比亚,居世界第三。我国是裸子植物最丰富的国家,被称为"裸子植物的故乡"。

　　我国越来越多的野生动植物濒临灭绝的原因是人类的活动改变或破坏了生物赖以生存的环境。

　　我国特有的珍稀动植物:

　　金丝猴、白鳍豚、朱鹮、扬子鳄(中生代动物的"活化石")、水杉("活化石植物"、"植物中的大熊猫")、珙桐。

考霸笔记

将含有保护对象在内的一定面积的陆地或水体划分出来,这个区域就是自然保护区。其具有天然基因库、天然实验室和活的自然博物馆的特点。建立自然保护区是保护生物多样性最为有效的措施。

核心考点 5　保护生物多样性的主要措施

保护生物多样性的措施主要有四条:

1)**就地保护**:把包含保护对象在内的一定面积的陆地或水体划分出来,进行保护和管理。如建立自然保护区。

2)**迁地保护**:指为了保护生物的多样性,把因生存条件不复存在,物种数量极少或难以找到配偶等原因,生存和繁衍受到严重威胁的物种迁出原地,移入动物园、植物园、水族馆和濒危动物繁殖中心,进行特殊的保护和管理,是对就地保护的补充。

3)**建立基因库**:人们已经开始建立基因库,来实现保存物种的愿望。比如,为了保护作物的栽培种及其会灭绝的野生亲缘种,建立全球性的基因库网。

4)**构建法律体系**:制定相应法律法规,如《中华人民共和国森林法》、《中华人民共和国野生动物保护法》等,保护生物的多样性。

专题二十六　生物的生殖和发育(1)

核心考点 1　生殖方式

1.有性生殖

有性生殖是指由两性生殖细胞(精子和卵细胞)结合成受精卵,再由受精卵发育成新个体的生殖方式。这种生殖方式所产生的新个体(后代),其遗传信息来自亲本双方。精子和卵细胞是上下两代联系的桥梁,即亲本双方的遗传信息分别通过精子和卵细胞遗传给新一代(子代)。

2.无性生殖

无性生殖是指不经过两性生殖细胞的结合,由母体直接产生新个体的生殖方式。因此新个体(子代)的遗传信息只来自母体一方,子代表现的性状由母体一方的 DNA 决定。可分为分裂生殖、孢子生殖、出芽生殖、营养生殖、断裂生殖。

考霸笔记

卵细胞　　　精子

考霸笔记

错误观点：凡是进行无性生殖的植物都不能进行有性生殖。

正确观点：无性生殖由母体直接产生新个体，常用根、茎、叶进行营养繁殖。但这些用根、茎、叶来繁殖的植物大都能开花结果，完成有性生殖，只是繁殖速度和性状的优良与营养繁殖有所区别。

(1)分裂生殖

分裂生殖又叫裂殖，是生物由母体分裂出新个体的生殖方式。分裂生殖生出的新个体，大小和形态都是大体相同的。在单细胞生物中，这种生殖方式比较普遍。例如，细菌、草履虫都是进行分裂生殖的。

(2)孢子生殖(仅包括无性孢子)

有的生物，身体长成以后，能产生一种细胞，这种细胞不经过两两结合，就可以直接形成新个体，这种细胞叫作孢子，这种生殖方式叫孢子生殖。如青霉、曲霉的生殖。

(3)出芽生殖

出芽生殖又叫芽殖，是由母体在一定的部位向外突出，逐渐形成与母体形状相似的芽体，芽体长大后从母体脱离下来而形成新个体的生殖方式。如酵母菌、水螅常常进行出芽生殖。

核心考点 2 植物的生殖方式

1.植物的有性生殖

绿色开花植物的有性生殖是由它的生殖器官——花来完成的。

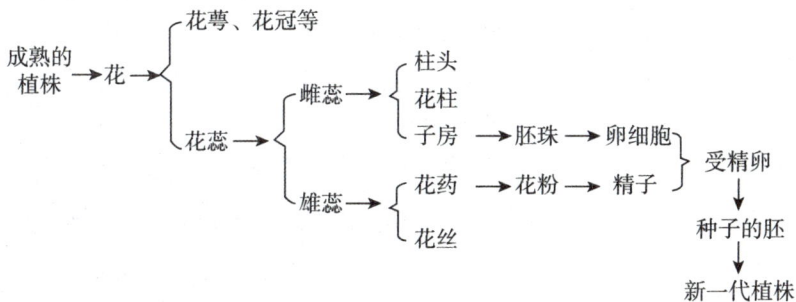

```
                    花萼、花冠等
成熟的 → 花            柱头
植株                   花柱
          花蕊   雌蕊   子房 → 胚珠 → 卵细胞
                                          受精卵
                       花药 → 花粉 → 精子
                 雄蕊
                       花丝              种子的胚
                                          ↓
                                       新一代植株
```

2.植物的无性生殖

(1)断裂生殖

母体折断以后,每段都能生活、生长,成为新个体的生殖方式。例如,水绵的生殖。

(2)营养生殖

由植物体的营养器官(根、茎、叶)产生出新个体的生殖方式。如秋海棠

考霸笔记

被子植物的生殖发育过程要经过结出果实这一环节,种子包在果实内;裸子植物不结果实,种子裸露在外。

植物凡是靠种子来繁殖后代的方式都属于有性生殖。

的叶、红薯的根、草莓的匍匐枝、马铃薯的地下茎都可以进行营养生殖,营养生殖方式包括扦插、压条、嫁接等。

扦插

用枝条扦插。剪取植物的一段枝条(至少要带有两个芽),把枝条的下部插入湿润的土壤中。不久,枝条下部长出不定根,上部发芽,最后长成一个新个体。如葡萄、杨柳等常用枝条进行扦插。

除用茎(枝条)外,还可以用其他的营养器官进行扦插。如秋海棠的叶、红薯的根(块状根)、马铃薯的芽等。

压条

把枝条从植株上弯下来,再把枝条中部的树皮剥掉下半圈,然后把枝条的中部埋进土壤中,让枝条的顶端露出地面。等这个枝条长出不定根,并长出新叶以后,再与母体切断。

嫁接

把一个植物体的芽或枝,接在另一个植物体上,使结合在一起的两部分长成一个完整的植物体。接上去的芽或枝叫接穗,被接的植物体叫砧木或台木。按接穗的不同可分为两类:**芽接(用芽作接穗)**;**枝接(用枝作接穗)**。苹果、梨、桃等果树,都可用嫁接的方法繁殖。

要使嫁接成功,嫁接时一定要确保接穗的形成层与砧木的形成层紧密结

考霸笔记

夹竹桃、桂花、石榴等扦插不易成活的植物,常用压条的方法进行繁殖。

植物之间亲缘关系愈近,嫁接的成活率愈高。

通过嫁接可以创造品种的新特性。同时,由于两品种间相互影响,可产生更优良的品种,从而形成专门的学科——嫁接学。

合在一起,只有这样才会使双方的形成层分裂出来的新细胞愈合在一起,接穗才能成活。

组织培养

植物的组织培养是利用植物体的单个细胞或一部分组织器官,在无菌条件下,培养在人工配制的培养基上,这些细胞经组织分裂、分化形成新的植物体。

过程:离体植物组织或花药、花粉→形成愈伤组织→长出丛芽→生根(试管苗生成)→移栽成活

组织培养的优点:科技含量高,取材少,繁殖速度快,在农业生产和科学研究上已广泛应用。

核心考点 3　植物的有性生殖和无性生殖的优点

1.有性生殖的优点

1)植物通过有性生殖可以产生种子、果实等,种子和果实往往可以耐受不良环境条件。

2)果实和种子容易通过媒介传播到其他地方,扩大了植物的分布范围。

3)植物通过有性生殖发生基因重组,可以得到一些新的优良性状,更好地适应环境,也有利于生物的进化。

考霸笔记

培养基具有植物生活所需要的全部营养物质和生长发育所需的激素。

试管苗的培育在无菌条件下进行。

2.无性生殖的优点

1)植物进行无性生殖时,产生后代个体的速度比较快且感染病毒的机会小,有利于在环境适宜的条件下短时间内繁殖出大量的个体。

2)无性生殖产生的后代,其性状与母体一致,**利于保持母体的优良性状**。

考霸笔记

植物的营养繁殖和组织培养所选取的材料必须具有很强的分生能力。

无性生殖的营养繁殖和组织培养在长期的生产实践中,会出现由于生理原因引起的品种的退化现象。因此,应将无性生殖、有性生殖和生物工程等方面有机地结合起来并应用于人类生产。

核心考点 4　　**无性生殖和有性生殖的比较**

比较项目	无性生殖	有性生殖
两性细胞的结合	无	有
新个体的产生	母体直接产生	受精卵发育成新个体
繁殖速度	快	慢
后代的适应能力	范围窄	范围宽
优点	繁殖速度快,能保持亲代的优良性状	能产生更多可遗传的变异,有利于生物的进化
举例	扦插、嫁接和压条等	被子植物产生的种子、鸟类的繁殖等

专题二十七 生物的生殖和发育(2)

核心考点 *1* 昆虫的生殖和发育

绝大多数昆虫进行**有性生殖**,**卵生**、**体内受精**。个体发育成熟后,经过交配产生受精卵,受精卵在一定的环境条件下可以发育成幼虫和成虫。

昆虫的发育为变态发育,根据昆虫发育过程所经历时期的不同,变态发育可分为完全变态发育和不完全变态发育两种方式。

(1)完全变态

蜜蜂、蚕等昆虫的发育要经过受精卵、幼虫、蛹、成虫四个时期,而且幼虫和成虫在形态结构和生活习性上有明显的差异,这样的发育过程叫**完全变态**。下图为蚕的完全变态发育过程。

考霸笔记

完全变态:卵→幼虫→蛹→成虫

蚕的一生要经过卵、幼虫、蛹、成虫四个发育阶段

蚕的发育图示

考霸笔记

不完全变态：卵→若虫→成虫。

蝗虫的若虫经过 5 次蜕皮，身体逐渐长大，不经过蛹期，发育成有翅能飞的成虫。

(2)不完全变态

不完全变态是指蟋蟀、蝗虫、螳螂等昆虫的一生经历受精卵、幼虫、成虫三个时期，而且幼虫和成虫的形态结构非常相似，生活习性也几乎一致。在不完全变态昆虫中，幼虫又称为若虫。

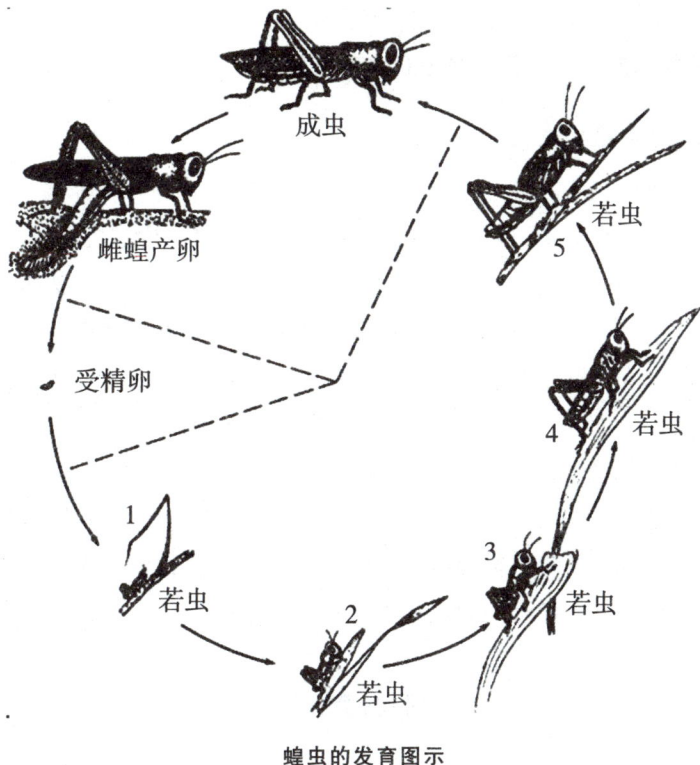

蝗虫的发育图示

成虫

若虫 5

若虫 4

若虫 3

若虫 2

若虫 1

雌蝗产卵

受精卵

![考霸笔记图标] **考霸笔记**

昆虫的蛹一般是不食不动的一个生活状态,但在蛹的内部进行着复杂的生理生化过程,在遗传物质的控制下各种物质重新组合,长成成虫。

昆虫的各个生活阶段虽然外形不同,但遗传物质是相同的,不同的虫态可以度过不同的环境,这是对环境的适应。

不完全变态发育比完全变态发育少一个蛹期;其幼虫和成虫只是体积大小不同及性器官未发育成熟这两方面的区别。

昆虫的"蜕皮"蜕掉的是外骨骼,这是所有节肢动物共有的特征。

核心考点 **2**　两栖动物的生殖和发育

1.青蛙的生殖和发育

(1)青蛙的生殖

青蛙进行**有性生殖,体外受精、卵生**。青蛙的幼体生活在水中,用鳃呼吸,成体蛙水陆两栖生活,主要用肺呼吸,皮肤辅助呼吸。春末夏初,**雄蛙鸣叫(求偶方式)→雌、雄蛙抱对→雌蛙排卵、雄蛙排精→体外受精**。雌、雄蛙分别把卵细胞和精子排到水中,二者在水中结合形成受精卵,这种受精方式称为**体外受精**。

(2)青蛙的发育

青蛙的受精卵在水中形成后,便开始进行细胞分裂,形成胚胎,胚胎继续发育形成幼体——**蝌蚪**。蝌蚪用**鳃**呼吸。蝌蚪在发育过程中先后长出后肢、前肢,尾和鳃逐渐萎缩消失,肺逐渐形成,发育成幼蛙。幼蛙可以离水登陆,逐渐发育成成蛙。

其发育过程可以概括为 4 个时期:**受精卵—蝌蚪—幼蛙—成蛙**。

考霸笔记

青蛙通过雌雄抱对,可促进雌蛙和雄蛙同时向水中排卵、排精,提高受精率,这一生殖行为比鱼类高级,是对环境适应的结果。

青蛙卵的表面无保护结构,卵内的水分极易蒸发掉,这是它的原始性,所以要产在水中。

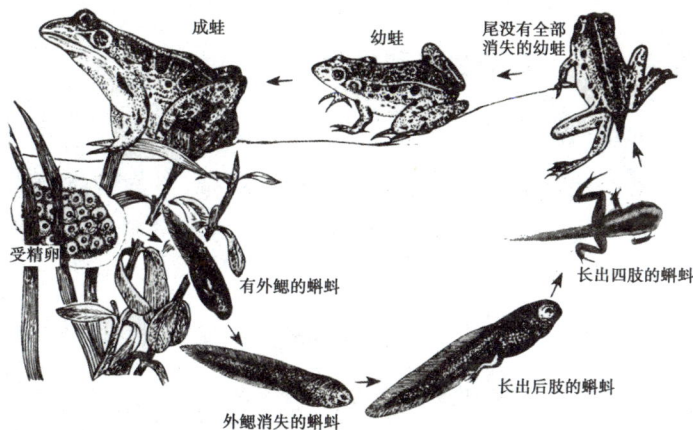

青蛙发育过程示意图

2.两栖动物的生殖发育和环境条件

两栖动物的生殖和发育必须**在水中进行**,幼体必须经过变态发育才能在陆地上生活。两栖动物除青蛙外,常见的还有蟾蜍、大鲵和蝾螈等。

两栖动物在生殖和发育上的特点,限制了两栖动物的分布范围,这是其种类较少的主要原因。

两栖动物的生殖和发育依赖于外界的水环境,如果水质被污染,则有可能发生变异,如少一条腿的畸形蛙。

考霸笔记

青蛙的皮肤可以分泌黏液,保持湿润,有利于用皮肤辅助呼吸。

两栖动物的幼体形态和生理结构很像鱼,说明两栖动物与鱼类有较近的亲缘关系,是一种由水生到陆生的过渡类群。

核心考点 **3** 鸟的生殖和发育

1.鸟卵的结构及功能

鸟卵一般分为卵壳、卵壳膜、卵白、气室、系带、卵黄膜、卵黄以及胚盘。其中,**卵黄、卵黄膜以及胚盘**是鸟卵的**卵细胞**,其余部分则是非细胞结构。

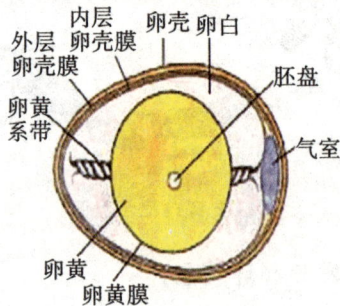

考霸笔记

不要误认为鸟的卵是鸟的卵细胞。卵细胞只包括卵黄膜、卵黄、胚盘3个部分。包在外面的卵白、卵壳膜和卵壳等是卵细胞经过输卵管和子宫时,由输卵管和子宫分泌的物质包裹卵细胞后形成的。

鸟卵的结构

卵壳:俗称蛋壳,位于最外面,坚硬,其上有气孔。它能在一定程度上防止卵细胞受伤害,减少水分的蒸发,用气孔进行气体交换,有支持和保护作用。

卵壳膜:分为外壳膜和内壳膜,两层膜之间含有气室。

气室:内有空气,与细胞进行气体交换。

卵白:俗称蛋白、蛋清,位于卵黄外面,它的作用是为胚胎发育提供营养物质和水分,同时也具有保护卵细胞的作用。

卵黄膜:位于卵黄外面,保护卵黄,是卵细胞的细胞膜。如果你打开一个生鸡卵,就会发现卵黄聚在一块。戳破卵黄膜的一个点,卵黄就会从这个点流出来。

系带:起固定卵黄、减震的作用,利于孵化。

卵黄:俗称蛋黄,是卵细胞主要的营养物质,供胚胎发育,也是卵细胞的细胞质。

胚盘:是卵黄中央盘状的小白点,含有遗传物质,是卵细胞的细胞核,也是雏鸡发育的位置。

2.鸟的生殖和发育

鸟类的生殖方式为**有性生殖,卵生,体内受精**,其繁殖具有明显的季节性,并伴有一系列复杂的行为,一般包括**求偶、交配、筑巢、产卵、孵卵、育雏等**。

在生殖时期,发育成熟的雌、雄鸟进行交配,雄鸟把精子送入雌鸟体内,精子与卵细胞结合,形成受精卵,完成体内受精。受精卵在雌鸟的体内开始发育。鸟卵产出以后,由于外界温度低于鸟的体温,胚胎暂停发育。以后

考霸笔记

有些鸟类不具有筑巢、孵卵、育雏的行为,比如杜鹃。但鸟类必须具备的繁殖过程有求偶、交配、产卵。

在鸟的体温或人工孵化箱的恒温条件下,胚胎继续发育,最后雏鸟破壳而出。

鸟类具有复杂的繁殖行为,大大提高了后代的成活率。

核心考点 4　昆虫、两栖动物、鸟的生殖和发育比较

生物种类	生殖方式	发育方式
昆虫	有性生殖,体内受精,卵生	变态发育
两栖动物	有性生殖,体外受精,卵生	变态发育
鸟类	有性生殖,体内受精,卵生	非变态发育

考霸笔记

早成鸟和晚成鸟

早成鸟:刚从卵壳中孵化出来的雏鸟,眼睛已经睁开,全身有稠密的绒毛,腿足有力,立刻就能随亲鸟觅食,这样的鸟叫早成鸟。如鸡、鸭、鹅、大雁等。

晚成鸟:雏鸟从卵壳里孵化出来时,发育还不充分,眼睛还没睁开,身上的绒毛很少,甚至全身裸露,腿足无力,没有独立生活的能力,要留在巢内由亲鸟喂养,这样的鸟叫晚成鸟。如家鸽、燕子、麻雀等。

专题二十八 生物的遗传与变异(1)

核心考点 1 基因控制生物的性状

1.遗传和变异

遗传:生物的亲代与子代之间的相似性。如"种瓜得瓜,种豆得豆"等。

变异:亲子间及子代个体间的差异。如"一猫生九子,连母十个样"。

2.生物的性状

性状:生物体的形态特征、生理特性和行为方式。如人的眼皮、耳垂、肤色或血型等(有肉眼看得到的,也有肉眼看不到的)。

相对性状:同一种生物,同一性状的不同表现形式。如人的单眼皮与双眼皮、狗的卷毛与直毛、花朵的白色与红色等。

考霸笔记

"我们仨也是亲生的……"

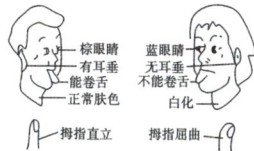

棕眼睛	蓝眼睛
有耳垂	无耳垂
能卷舌	不能卷舌
正常肤色	白化
拇指直立	拇指屈曲

人的相对性状

181

3.基因控制生物的性状

转基因超级鼠实验证明基因控制性状：

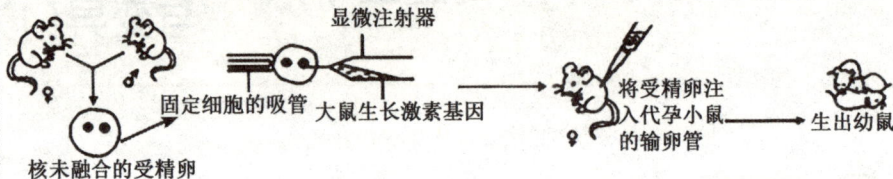

启示：生物的性状是由基因控制的,亲代遗传给后代的不是性状,而是基因。基因控制生物的性状,这是因为基因能够控制蛋白质的合成。但基因组成相同,其性状不一定相同。

核心考点 2　基因在亲子代间的传递

1.染色体

概念：染色体是细胞内具有遗传性质的物体,存在于细胞核中,容易被碱性染料染成深色。染色体在人的**体细胞**中是**成对存在的**,而在**生殖细胞**中则是**成单存在的**。如正常人体细胞中的染色体是 23 对,在生殖细胞(精子或卵细胞)中,染色体变为 23 条(减半)。

组成：由 DNA 和蛋白质组成。其中,DNA 是染色体主要的组成成分。

考霸笔记

在超级鼠的研究中,被研究的性状是鼠身体的大小,控制这个性状的基因是大鼠的生长激素基因。

基因是控制生物性状的主要因素,对性状有影响的还有环境因素。

正常情况下,每一种生物细胞内染色体的形态和数目都是一定的。

2.DNA

DNA 位于染色体上，一条染色体通常含有一个 DNA 分子。DNA 呈双螺旋结构，是<u>主要的遗传物质</u>。

3.基因

基因通过生殖细胞传给后代。

概念：基因是 DNA 分子上具有遗传效应的片段。一个 DNA 分子中含有许多的基因。

存在部位：位于 DNA 分子上，基因在体细胞中是成对存在，而在生殖细胞中，则是成单存在(减半)。

功能：决定生物的性状。

4.细胞核、染色体、DNA 与基因之间的关系

细胞核　　染色体　　DNA　　基因

考霸笔记

在生物的体细胞中染色体是成对存在的，基因也是成对存在的，分别位于成对的染色体上。

考霸笔记

错误观点:隐性基因控制的性状不会表现出来。

通过科学研究确定,由于染色体是成对存在的,所以位于染色体上的基因也是成对存在的,基因有显性和隐性之分。当一个显性基因和一个隐性基因同时存在时,显性基因控制的性状表现出来,而隐性基因所控制的性状被掩盖,并不表现出来。但是这个隐性基因仍然能够遗传下去。当两个隐性基因在一起的时候,它所控制的性状就会表现出来。因此,不能说隐性基因控制的性状一定不能表现出来。

5.基因经精子或卵细胞传递

1)性状的遗传实质是亲代通过生殖过程把基因传递给了子代。

2)在有性生殖过程中,精子和卵细胞就是把基因传递给子代的"桥梁"。在形成成熟生殖细胞的过程中,遗传物质复制一次,但细胞连续分裂两次,这样形成的精子和卵细胞内的染色体数是体细胞的一半。通过受精作用,精卵结合,使染色体又恢复到原来的数目,保证了物种的稳定性。

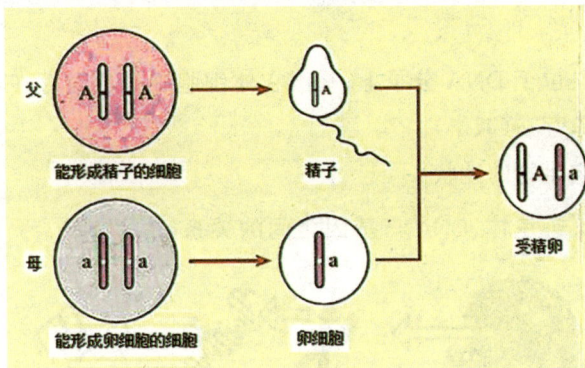

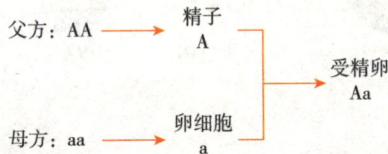

核心考点 *3*　基因的显性和隐性

1.孟德尔的豌豆杂交实验

奥地利科学家孟德尔利用豌豆杂交实验,发现了遗传规律,其实验过程和实验解释如下图所示。

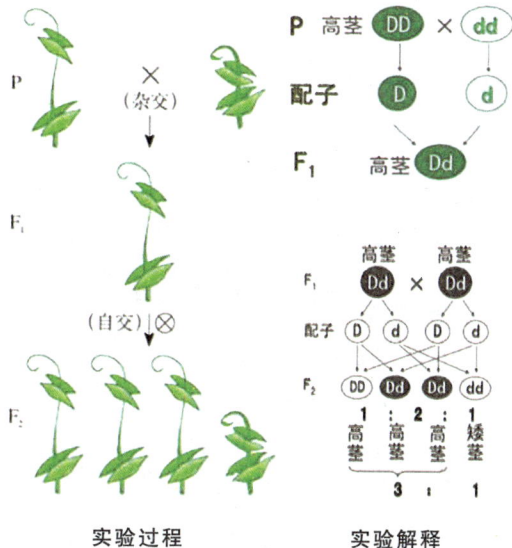

实验过程　　　　实验解释

考霸笔记

豌豆作为遗传学实验材料容易取得成功的原因:

1)豌豆是严格的自花、闭花授粉植物,在自然状态下一般为纯种。

2)豌豆具有多对易于区分的相对性状,易于观察。

3)豌豆的花大,易于操作。

4)豌豆生长期短,易于栽培。

考霸笔记

当基因组成是 Dd 时,虽然 d 控制的性状不表现,但 d(隐性基因)并没有受 D(显性基因)的影响,还会遗传下去。

2.相对性状有显性和隐性之分

1)在相对性状中,表现为隐性性状的,其基因组成只有一种 dd(用同一英文字母的大小写分别表示显性基因和隐性基因),表现为显性性状的,其基因组成有 DD 或 Dd 两种。

2)隐性基因是指在二倍体的生物中,在纯合状态时能在表型上显示出来,但在杂合状态时就不能显示出来的基因。

核心考点 4 人类遗传病

1.直系血亲

和自己有直接血缘关系的亲属为直系血亲,是一种垂直的关系;与自己有间接血缘关系的亲属为旁系血亲,即有共同的父辈和祖辈的人。

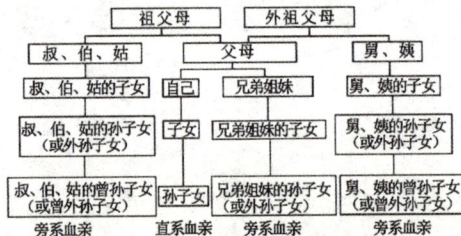

三代以内直系和旁系血亲图示

2.遗传性疾病

由于遗传物质(染色体、DNA、基因)异常等引起的人类疾病,叫作**遗传性疾病**。常见的遗传病有色盲、血友病、白化病、先天性愚型等。

3.禁止近亲结婚

我国婚姻法规定:直系血亲和三代以内的旁系血亲之间禁止结婚。

禁止近亲结婚的原因:如果一个家族中曾经有过某种遗传病,或是携带有致病基因,其后代携带该致病基因的可能性就大。如果有血缘关系的后代之间再婚配生育,得这种病的概率就会增加。

考霸笔记

遗传病可以彻底治愈吗?

以前,人们认为遗传病是不治之症。近年来,随着现代医学的发展,医学、遗传学工作者在对遗传病的研究中,弄清了一些遗传病的发病过程,从而为遗传病的治疗和预防提供了一定的基础,并不断提出了新的治疗措施。但这类治疗只有治标的作用,即所谓"表现型治疗",只能消除一代人的病痛,而对致病基因本身却丝毫没有触及,所以遗传病目前还不能得到根治。

专题二十九　生物的遗传与变异(2)及生命起源与生物进化

父亲的性染色体有 X、Y 两种类型,而母亲性染色体只有 X 一种类型,因此,生男生女取决于父亲的哪一种精子与母亲的卵细胞相结合。

核心考点 1　人的性别遗传

1.男女染色体的差别

男性体细胞中的染色体是22 对＋XY;女性体细胞中的染色体是22 对＋XX,所以人类体细胞的染色体数为46 条。

"X"和"Y"性染色体的区别:X 染色体较大,Y 染色体较小。

女性的性染色体为XX ,男性的性染色体为XY 。

男性精子染色体组成为 22 条＋X 或 22 条＋Y,女性卵细胞为 22 条＋X,精子和卵细胞内的染色体为23 条。

2.生男生女机会均等

生男生女机会均等是因为男性产生的精子类型有含 X 或 Y 两种,这两种精子的比例接近1∶1,而它们与卵细胞结合是随机的,所以生男生女的机会均等。

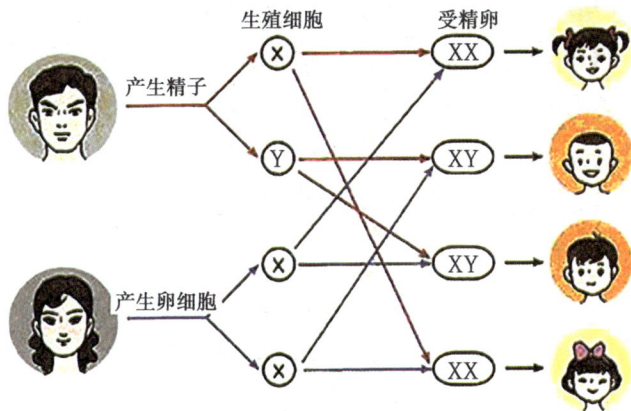

生男生女机会均等

核心考点 2　生物的变异

1.生物的变异

(1)变异的类型

可遗传的变异：由**遗传物质**改变引起的变异是可遗传的变异。如色盲、多指症、色弱等。

考霸笔记

　　Y染色体是属于XY性别决定系统的人类以及大多数哺乳动物的性别决定染色体。对哺乳动物来说，它含有SRY基因(雄性性别决定基因)，能够触发睾丸的发生，因此决定了雄性性状。通常雄性有X染色体与Y染色体各一条。

不可遗传的变异：单纯由**环境因素**引起的变异是不遗传的变异。如经常晒太阳的人皮肤较黑；同品种的南瓜种子，种在肥沃土壤的结出的南瓜较大，种在贫瘠土壤的结出的南瓜较小等。

(2)变异的意义

有利于物种的发展和进化，使生物更好地适应环境。

2.人类应用遗传变异原理培育新品种

人类应用遗传变异原理培育新品种，利用的是生物可遗传的变异，是对人类有利但对作物本身不一定有利的变异。

应用举例：高产奶牛、高产抗倒伏小麦品种等。

核心考点 3 生命起源

1.地球上生命的起源

(1)原始地球的环境

原始大气成分：水蒸气、氢气、氨、甲烷、二氧化碳、硫化氢等，原始大气中没有氧气。

能量条件：原始地球上不断出现的宇宙射线、紫外线、闪电、热能等。

一定的环境场所条件：**原始大气和原始海洋**等。

考霸笔记

有的变异对生物本身有利，是有利的变异；若对生物体不利，则是不利的变异。

变异是普遍存在的，变异无方向性。人们再根据后代的性状表现，选择符合人们需要的稳定表现的个体，最后培育成新品种。

(2)米勒模拟原始地球的实验

青年学者米勒在模拟原始地球的条件和大气成分的条件下,将甲烷、氨、氢气、水蒸气等气体泵入一个密封的装置内,通过进行火花放电,合成多种氨基酸。米勒等人的模拟实验有力地证明了:

1)地球上的有机物乃至生命是从地球上的无机物发展来的。

2)从无机小分子物质合成有机小分子的化学过程是完全可能的。

2.生命的化学起源说过程

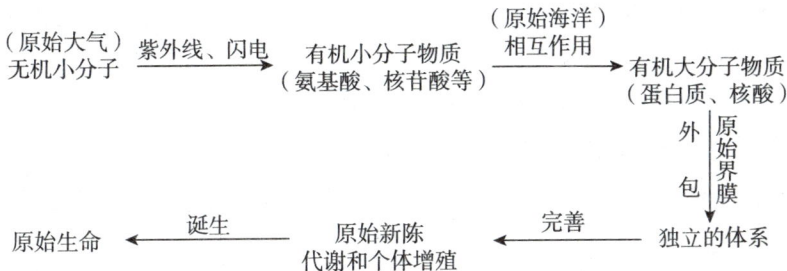

（原始大气）无机小分子 —紫外线、闪电→ 有机小分子物质（氨基酸、核苷酸等） —（原始海洋）相互作用→ 有机大分子物质（蛋白质、核酸）

↓ 外包 原始界膜

独立的体系 ←完善— 原始新陈代谢和个体增殖 ←诞生— 原始生命

> **考霸笔记**
>
> **研究生命起源的方法——科学推测**
>
> 推测是根据已知的事物,通过思维活动,对未知事物的真相提出一定看法的过程。

考霸笔记

关于化石那点事儿

科学家发现，越简单、越低等的生物化石总是出现在越古老的地层里，越复杂、越高等的生物化石则出现在越新近形成的地层里。

1861年，在德国发现的"始祖鸟"化石，是爬行类进化成鸟类的典型证据。始祖鸟既具有鸟类的一些特征，又具有与爬行动物相同的身体结构特征，说明它是一种从爬行类到鸟类的过渡类群。

核心考点 4　生物进化

1.研究生物进化的基本方法——比较法

(1)化石比较法

化石是研究生物进化最直接的证据。化石是由生物的遗体、遗迹，由于各种原因被埋藏在地层中，经过若干万年的复杂变化形成的。它是保留"地球之书"中关于生物进化的"文字"信息。

(2)形态解剖比较法

同源器官是指起源相同、结构和部位相似而形态和功能不一定相同的器官。鸟的翼、蝙蝠的翼手、鲸的鳍、马的前肢和人的上肢，从外形和功能来看，这些器官很不同，但是比较它们的内部结构，却基本上是一致的。

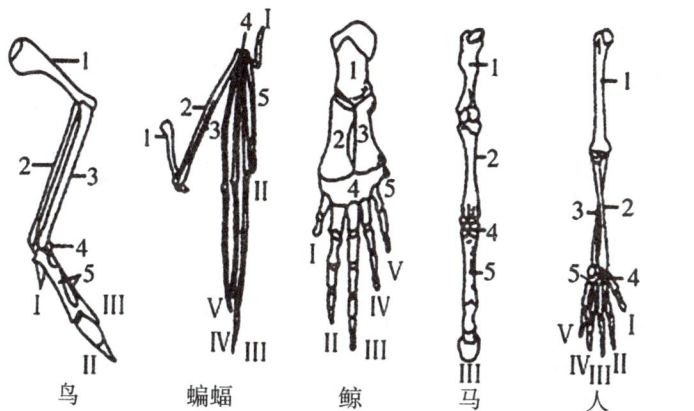

四种脊椎动物的前肢骨和人的上肢骨的比较图

1 肱骨　2 桡骨　3 尺骨　4 腕骨　5 掌骨（鸟的为腕掌骨），
Ⅰ—Ⅴ为指骨

(3)蛋白分子差异比较

细胞色素C是由104个氨基酸组成的蛋白质。经过对其化学结构的测定，发现各种生物细胞色素C之间存在差异。其分子结构相对保守，进化速度比较缓慢，据科学家推算，它的氨基酸顺序每200万年才发生1%的改变。因此，细胞色素C为研究生物进化提供了重要的依据。经分析证明，亲缘关系越近其差异越小。

考霸笔记

关于生物进化的易错考点

错误观点：生物是不断进化的，现今的地球上低等的生物已不存在了。

尽管生物是不断进化的，但许多非常简单、低等的生物并没有在进化过程中灭绝。这些非常简单的、低等的生物由于能够适应环境的不断变化，所以没有灭绝，而且分布范围非常广泛。

错误观点：生物的变异是不定向的，生物进化的方向也同样是不定向的。

生物的变异为生物的进化奠定了基础，没有变异就不能形成多种多样的生物种类。生物的变异是不定向，生物产生的变异包括有利变异和不利变异，这是针对其是否适应环境的变化而言的，具有不利变异的个体，在自然选择中被淘汰掉，保留下来的基本上是能适应环境的个体。由此看来，生物的变异是不定向的，而生物的进化是定向的，即向着适应环境的方向发展。

考霸笔记

错误观点:蕨类植物是由苔藓植物进化而来的,被子植物是由裸子植物进化而来的。

植物进化的总体趋势,是由简单到复杂、由低等到高等、由水生到陆生。地球上最早出现的是海洋中的单细胞藻类植物,它们经过漫长的年代逐渐进化成适应陆地生活的苔藓植物和蕨类植物,一部分蕨类植物进化成种子植物(包括裸子植物和被子植物)。

植物进化过程

藻类植物→苔藓植物→蕨类植物→种子植物

动物进化过程

鱼类→两栖类→爬行类→{鸟类 哺乳类

(4)胚胎比较法

无论是高等动物还是低等动物都是从一个受精卵开始的,它们的胚胎在发育初期很相似,那就是鳃裂,头部较大,身体弯曲,彼此之间不容易区别,只有到了发育晚期,才容易被区别开。这种现象说明高等的脊椎动物是从低等的动物进化来的。

2.生物进化的大致历程

生物进化的总趋势:结构上由简单到复杂;进化水平上由低等到高等;生活环境上由水生到陆生。

3.生物进化的原因

(1)分析生物进化的原因

遗传和变异是生物进化的基础。

环境的改变是生物进化的外在动力。

生物只有适应不断变化的环境才能生存和繁衍。

(2)自然选择

自然选择:达尔文认为,地球上的生物一般具有很强的生殖能力,但是由于食物和生活空间等条件有一定限度,因而生物会为争夺必需的食物和生活空间等进行生存斗争。在生存斗争中经过激烈的竞争,适者生存,不适者被淘汰的过程,就是自然选择。

　　自然选择内容:过度繁殖、生存斗争、遗传变异、适者生存,这 4 点不是孤立的,应当看到它们之间是相互联系的。

(3)人工选择

　　人工选择是由达尔文提出的,是指通过人工方法保存具有有利变异的个体和淘汰具有不利变异的个体,以改良生物的性状和培育新品种的过程,或者培养适合人类需要的生物品种或性状的过程。

　　自然选择和人工选择都是生物进化的原因,但方向不一样。自然选择向适应自然的方向选择,而人工选择的方向是符合人们的某些要求。

考霸笔记

　　自然选择是通过生存斗争实现的。

　　变异是不定向的,分为有利变异和不利变异,生物的遗传使有利变异在后代中得到积累和加强。可遗传的变异是自然选择的基础,它为生物进化提供了原始的选择材料,因此说遗传和变异是生物进化的内在因素。

　　变异无方向性,选择有方向性。

专题三十　传染病和免疫

考霸笔记

七步洗手法

第一步(内):洗手掌,流水湿润双手,涂抹洗手液(或肥皂),掌心相对,手指并拢相互揉搓。

第二步(外):洗背侧指缝,手心对手背沿指缝相互揉搓,双手交换进行。

第三步(夹):洗掌侧指缝,掌心相对,双手交叉沿指缝相互揉搓。

第四步(弓):洗指背,弯曲各手指关节,半握拳把指背放在另一手掌心旋转揉搓,双手交换进行。

第五步(大):洗拇指,一手握另一手大拇指旋转揉搓,双手交换进行。

第六步(立):洗指尖,弯曲各手指关节,把指尖合拢在另一手掌心旋转揉搓,双手交换进行。

第七步(腕):洗手腕、手臂,揉搓手腕、手臂,双手交换进行。

核心考点 1　传染病及其预防

1.传染病

由病原体(如细菌、病菌、病毒、寄生虫等)引起的、能在人与人之间或人与动物之间传播的疾病,叫作**传染病**。传染病传染性最强的时间是在发病初期。

2.传染病的主要特点

具有传染性和流行性,有的还有地方性和季节性。

3.传染病流行的 3 个基本环节

1)**传染源**:能够散播病原体的人或动物,如患有传染病的人或动物等。

2)**传播途径**:病原体离开传染源,到达人或动物所经过的途径,如空气、饮食、生物媒介等都属于传播途径。

3)**易感人群:**对某种传染病缺乏免疫力,容易感染疾病的人群,如儿童、老人等。

在以上 3 个基本环节中,缺少任何一个环节,传染病就不会流行。

4.常见传染病

传染病类型	常见传染病	寄生部位	传播途径
呼吸道传染病	流行性感冒、肺结核、SARS、猩红热	呼吸道黏膜和肺	靠空气和飞沫传播
消化道传染病	细菌性痢疾、甲型肝炎、蛔虫病	消化道和附属器官	靠饮水和食物传播
血液传染病	乙型肝炎、疟疾、流行性乙型脑炎	血液和淋巴等	靠吸血的节肢动物传播
体表传染病	狂犬病、淋病、沙眼、破伤风、血吸虫病	皮肤和体表黏膜	靠接触传播

5.预防措施

1)**控制传染源**。对病人要做到"早发现、早报告、早诊断、早隔离、早治疗",阻止病原体的传播。如对病人进行隔离治疗;对患有传染病的动物进行焚烧或深埋处理等。

考霸笔记

病原体包括病毒、细菌、真菌和寄生虫等。能够传播病原体的人和动物称为传染源。

2)**切断传播途径**。要搞好环境卫生(如室内通风和消毒等)和个人卫生等。

3)**保护易感人群**。不让易感者与病人接触并进行预防接种。如为了保护易感人群,给儿童注射疫苗。

考霸笔记

流行性感冒是由流感病毒引起的一种秋冬季常见呼吸道传染病,接种流感疫苗是预防流感的有效手段之一。

核心考点 2　免疫与计划免疫

1.人体免疫的概念

免疫是一种生理功能,人体依靠这种生理功能识别"自己"和"非己"成分,从而破坏和排斥进入人体内的抗原物质,或人体本身所产生的损伤细胞和肿瘤细胞等,以此来维持人体内部环境的平衡和稳定。

2.人体免疫的功能

1)**自我稳定**:清除体内衰老、死亡和损伤的细胞。

2)**防御感染**:抵抗抗原的侵入,防止疾病的产生,维护人体健康。

3)**免疫监视**:监视、识别和清除体内产生的异常细胞(如肿瘤细胞等)。

3.人体的三道防线

(1)第一道防线

皮肤和**黏膜**是保卫人体的第一道防线。它们不仅能够阻挡病原体侵入人体,而且它们的分泌物(如乳酸、脂肪酸、胃酸和酶等)还有杀菌作用。呼吸道黏膜上有纤毛,具有清扫异物的作用。

(2)第二道防线

一旦病原体穿过第一道防线侵入人体后,分布在**体液中的杀菌物质**和**吞噬细胞**就会与病原体发生"战斗"。体液中的杀菌物质和吞噬细胞是保卫人体的第二道防线。杀菌物质中的溶菌酶能够破坏许多病菌的细胞壁,使病菌溶解。分布在血液和组织、器官中的吞噬细胞,可以将侵入人体的病原体吞噬消化。前两道防线是人生来就有的,不针对某一特定的病原体,而是对多种病原体都有防御作用,因此叫作**非特异性免疫**。

(3)第三道防线

主要由**免疫器官**和**免疫细胞**组成,人体的免疫器官主要有胸腺、淋巴结、扁桃体和脾脏等,它们能产生免疫细胞。免疫细胞主要是**淋巴细胞**。病原体(抗原)侵入人体后,刺激淋巴细胞产生抗体,一定的抗体能与一定的抗原结合,从而促进吞噬细胞的吞噬作用,将抗原消除,或使病原体失去致病性。人体的第三道防线是出生以后才建立的,它只对某一特定的病原体起作用,因而叫作**特异性免疫**。

考霸笔记

免疫异常

排异反应是一种免疫过程,它往往是一种异体组织进入有免疫活性宿主后不可避免的结果。

过敏反应是指已产生免疫的机体在再次接受相同过敏原刺激时所发生的组织损伤或功能紊乱的反应。反应的特点是发作迅速、反应强烈、消退较快。

考霸笔记

免疫器官

胸腺:产生淋巴细胞和分泌胸腺激素(促使淋巴细胞分化和成熟)。

淋巴结:有吞噬细胞,能吞噬侵入人体的病菌。

脾:产生白细胞,内有吞噬细胞,能吞噬衰老的血细胞或异物。

人体的防线	组 成	功 能	免疫类型
第一道防线	皮肤、黏膜和呼吸道黏膜上的纤毛	阻挡、杀死和清扫病原体	非特异性免疫:人生来就有的,对多种病原体都有防御作用
第二道防线	体液中的杀菌物质(溶菌酶)和吞噬细胞(白细胞)	溶解、吞噬病原体	
第三道防线	免疫器官和免疫细胞(如脾脏和淋巴结等)	产生抗体,消灭病原体(抗原)	特异性免疫:后天获得,对一种特定的病原体起作用

4.抗原与抗体

抗原:能引起人体产生抗体的物质。比如细菌、病毒等病原体或异物,注射的"疫苗"和"类病毒"以及"移植的器官"也是属于抗原。

抗体:病原体侵入人体后,刺激淋巴细胞,淋巴细胞就产生一种抵抗该病原体的特殊蛋白质(免疫球蛋白),叫作抗体。

5.计划免疫

根据某些传染病的发生规律,将各种安全有效的疫苗,按照科学的免疫程序,有计划地给儿童接种,以达到预防、控制和消灭传染病的目的,这种有计划地进行预防接种,简称为**计划免疫**。

核心考点 3　常见的病毒性传染病——艾滋病

1.概念

艾滋病的全称是"获得性免疫缺陷综合征",根据其英文单词的首字母简写为 AIDS,简称为艾滋病。艾滋病是由人类免疫缺陷病毒(HIV)引起的。HIV 主要存在于患者和 HIV 携带者的血液、精液、唾液、泪液、乳汁和尿液中。

2.发病机理

HIV 主要侵犯并瓦解人体的免疫系统,使人体不能抵御病原体,因此病人常死于多种疾病的侵害。

3.传播途径

性接触传播(艾滋病流行的首要传播方式)、血液传播、母婴传播。

4.预防

养成文明健康的生活方式和良好的卫生习惯,切断传播途径,是预防艾滋病的有效措施。

考霸笔记

抗体不是一生都存在的,随着时间的推移,有的抗体在不断下降或者消失,所以为了保持抗体能够持续有效的存在,就需要每隔三到四年或更长时间加强注射疫苗。

疫苗是一种生物制品,是指用微生物或其毒素、酶、细胞等制备的供预防、诊断和治疗用的制剂。疫苗包括灭活疫苗、减毒活疫苗、亚单位疫苗、活载体病毒蛋白疫苗、DNA 疫苗等。

专题三十一　健康地生活

核心考点 1　用药与急救

1.安全用药

(1)安全用药的概念

安全用药指根据病情需要,正确选择药物的品种、剂量和服用时间等,以充分发挥药物的最佳效果,尽量避免药物对人体产生不良作用或者危害。

(2)药物的分类

处方药是必须凭执业医师或执业助理医师处方才可调配、购买和使用的药品,标志为"R"。

非处方药是不需要凭医师处方即可自行购买和使用的药品,标志为"OTC"。

考霸笔记

OTC
甲类非处方药

OTC
乙类非处方药

Rx
处方药

(3)安全用药的注意事项

无论是处方药还是非处方药,在使用前都应该仔细分析药品说明书所包含的信息,了解药物的主要成分、适应症、用法与用量、药品规格、注意事项、生产日期和有效期等。

2.急救常识

掌握紧急急救知识,可以帮助我们解决生活中遇到的一些危急情况或意外伤害。

(1)胸外心脏按压

对于心跳停止的病人,应在进行人工呼吸的同时做**胸外心脏按压**。按压时,救护者站在病人一侧,双手叠放在一起,有节奏地、带冲击性地用力向下按压,按压位置为胸骨下段约 1/3 处。

(2)人工呼吸

对于因溺水、煤气中毒或触电等意外事故停止呼吸的病人,可以用人工呼吸法进行急救,最常见的是口对口吹气法。**具体操作为:**

1)使病人仰卧于坚实平面上,通过抬下颏,保持头后仰的方法,使其呼吸道畅通,并解开衣领,放松腰带。

2)若病人口鼻内可见异物和污物,可用手指清理,确保呼吸道畅通;液体可在翻身、头侧位时自然流出。

考霸笔记

有效期:使用到药品标明的月份的最后一天,如有效期是 2019 年 5 月,即可以使用到 5 月 31 号。

失效期:使用到前一月份的最后一天,如失效期是 2019 年 5 月 1 号,药品只能使用到 2019 年 4 月 30 号。

"120"急救电话

拨打急救电话时,应交代清楚地点,地点越详细越好,便于医生查找。简单地介绍病人的病症,方便救助人员的救助。

3)救护者一只手托起病人的下颌,另一只手捏紧病人的鼻孔,用口包住病人的口,平缓吹气 2 次,每次持续 1 秒以上。

(3)触电急救法

迅速切断电源。一时找不到闸门,可用绝缘物挑开电线。

先判断他(她)有无呼吸和意识后,立即拨打 120 急救电话,求助急救中心。

在急救车到达前,可将触电者抬到通风处,解开衣扣、裤带,若呼吸、心跳停止,必须做心肺复苏。

(4)出血和止血

出血一般有内出血和外出血。

内出血指体内器官的出血,一定要及时去医院救治。

外出血一般指体循环的血管出血,分为毛细血管出血、静脉出血和动脉出血。

毛细血管出血:血液呈红色,慢慢渗出,血量少,一般会自行凝固而止血。

静脉出血:血色呈暗红色,血流缓慢而连续不断。

动脉出血:血色呈鲜红色,从伤口喷出或随心跳一股一股地涌出。

止血:当毛细血管或小静脉出血时,可将伤口冲洗干净,贴创可贴或用纱布、绷带包扎伤口止血。对于动脉和大静脉出血,要尽快拨打"120"电话,紧

考霸笔记

胸外心脏按压

如果病人发生心跳骤停,则应立即开始胸外心脏按压。心脏按压可以改变胸腔内的压力和容积,将心脏内的血液输送到全身组织器官。有效的胸外心脏按压,可以使心脏的输出血量达到正常时的 $1/4 \sim 1/3$,从而维持生命的最低需求。

急呼救,同时用手指、止血带或绷带压迫止血。动脉出血应在伤口的近心端包扎,静脉出血则在伤口的远心端包扎。

(5)骨折急救法

救护骨折者的方法:

止血:可采用指压、包扎、止血带等方法止血。

包扎:对开放性骨折用消毒纱布加压包扎,暴露在外的骨端不可送回。

固定:以旧衣服等软物衬垫着夹上夹板,无夹板时也可用木棍等代替,把伤肢上下两个关节固定起来。

治疗:如有条件,可在清创、止痛后再送医院治疗。

核心考点 2　评价自己的健康状况

1.健康

(1)定义

健康是指一种身体上、心理上和社会适应方面的良好状态,而不仅仅是没有疾病或不虚弱。

(2)亚健康状态

世界卫生组织将机体无器质性病变,但是有一些功能改变的状态称为

考霸笔记

动脉是将血液从心脏运往全身各处的血管,静脉是将全身各处的血液运回心脏的血管,因此,动脉出血应在近心端止血,静脉出血应在远心端止血。

预防煤气中毒

首先,煤火炉必须安装烟筒,烟筒接口要严密,这样即使产生少量的煤气也会顺着烟筒排到屋外;其次,应该注意室内通风,不要把门窗关得太严,最好在窗户上留通风孔,以利于空气流通。

考霸笔记

心理咨询是由专业人员即心理咨询师运用心理学以及相关知识,遵循心理学原则,通过各种技术和方法,帮助求助者解决心理问题。除此以外,咨询师不帮助求助者解决任何生活中的具体问题,核心是助人自助。

"第三状态",在我国称为**亚健康状态**。它具有如下**特点**:

1)功能性改变,而不是器质性病变。

2)体征改变,但现有医学技术不能发现病理改变。

3)生命质量差,长期处于低健康水平。

4)慢性疾病伴随的病变部位之外的不健康体征。

所以,亚健康本身就是需要解决的问题。

2.保持愉快心情

心情愉快是青少年心理健康的核心。

情绪调节方法:

分散转移注意力:如打球、下棋等。

找知心人倾诉:说出自己的烦恼事。

情绪宣泄法:要注意宣泄对象、地点和场合,方法也要得当,不要给自己造成身体伤害和给第三者造成伤害。

自我安慰法:找一个适当的理由安慰自己。

核心考点 3　选择健康的生活方式

1.生活方式对健康的影响

慢性、非传染性疾病除了受遗传因素和环境的影响外,还与**个人的生活方式**有关,不健康的生活方式会加速这些疾病的发生和发展。

(1)酗酒对人体健康的危害

酒精会损害人的肝脏和血管,酗酒会使脑处于过度兴奋或麻痹状态,引起神经衰弱或智力减退,长期酗酒,会造成酒精中毒,饮酒过多,还会有生命危险。

(2)吸烟对人体健康的危害

烟草燃烧时,烟雾中的有害物质如尼古丁、焦油等进入人体,对人体的神经系统造成损害,使人的记忆力和注意力降低,同时还可能诱发多种疾病,如慢性支气管炎、肺癌等。

(3)毒品的危害

毒品是指鸦片、海洛因、甲基苯丙胺(冰毒)、吗啡、大麻、可卡因以及国家规定管制的其他能够使人形成瘾癖的麻醉药品和精神药品。毒品会损害人的神经系统,降低人体免疫功能,使心肺受损,呼吸麻痹,甚至死亡。

考霸笔记

探究酒精或烟草浸出液对水蚤心率的影响:低浓度的酒精(0.25%)对水蚤的心率有促进作用,高浓度的酒精对水蚤的心率有抑制作用。

最常见的毒品主要是麻醉药品类中的大麻类、鸦片类、海洛因、冰毒和可卡因类。

2.健康的生活方式

生活要有规律,劳逸结合;
合理安排膳食;
坚持适当运动;
不喝酒,不吸烟;
积极参加集体活动。

影响人体健康的四大因素

经世界卫生组织研究发现:影响个人健康和寿命的四大因素中,生物学因素占 15％,环境因素占 17％,卫生服务因素占 8％,行为与生活方式因素占 60％。

生物学因素包括遗传因素和心理因素。遗传不是可改变的因素,但心理因素可以改变,保持一个积极的心理状态是保持和增进健康的必要条件。

环境因素包括自然环境与社会环境。社区的地理位置、生态环境、住房条件、邻居的和睦程度等都不同程度地影响着社区的健康。社会环境涉及政治制度、经济水平、文化教育、人口状况、科技发展等。

卫生服务因素指卫生服务的范围、内容与质量直接关系到人的生、老、病、死及由此产生的一系列健康问题。

行为与生活方式因素指人们受文化、民族、经济、社会、风俗、家庭等影响的生活习惯和行为。生活方式是指在一定环境条件下所形成的生活意识和生活行为习惯的统称。不良生活方式和有害健康的行为已成为当今危害人们健康,导致疾病及死亡的主因。

考霸笔记

科学用脑

要善于用脑:学习时要精力高度集中,讲究方法,有劳有逸,提高学习效率。

要勤于用脑:大脑皮层的信息贮存量是巨大的,学习要积极主动,勤于思考,遇事要多想多问,不要懒于动脑。

专题三十二　高频考点（1）

核心考点 1　生物适应环境又影响环境

现在生存的每一种生物，都具有与其**环境相适应的形态结构和生活方式**。如仙人掌的叶退化成刺可减少水分的散失；荒漠中生活的骆驼刺，地下部分（根）比地上部分长很多；鱼的身体呈流线型，用鳃呼吸，适于水中生活；鸟类有适于飞翔的翅膀。

有很多动物的外形具有明显的适应环境的**特征**。如保护色：生活在绿草丛中的蝗虫，体色为青绿色；拟态：枯叶蝶停息的模样像枯叶，竹节虫的形态与它栖息的树枝特别相似；警戒色：黄蜂具有黄黑相间的斑纹等。

生物在适应环境的同时，也**影响和改变着环境**。如森林的蒸腾作用，可增加空气的湿度，进而影响降雨量；蚯蚓在土壤中活动，可使土壤疏松，提高土壤的通气和吸水能力，增加土壤肥力。

考霸笔记

保护色、警戒色和拟态的辨析

保护色的概念有 3 个要点：
1）是为了适应栖息环境。
2）体色与环境色彩相似。
3）有助于逃避敌害和捕食。

警戒色的概念有 3 个要点：
1）动物本身具有恶臭或毒刺，能对敌害构成威胁。
2）具有鲜艳的色彩或斑纹，易于被敌害识别，起到威慑和警告作用。
3）是一种保护性适应。

拟态的概念有 2 个要点：
1）在进化中形成的。
2）外表形状或色泽斑纹与其他生物或非生物异常相似。

考霸笔记

食物链示意图

核心考点 2　食物链的书写

　　写食物链时很容易出错,食物链的**起始端是植物**;生产者和各级消费者之间以箭头相连,**箭头指向捕食者**;箭头两端生物之间是捕食关系;越靠近食物链起始端的生物数量越多,体内所积累的有毒物质越少,越靠近食物链顶端的生物数量越少,体内所积累的有毒物质越多;数食物链时,要从起始端数起,每条食物链要数到底,不能漏数。将分解者加入食物链是不对的,因为我们学习的是捕食食物链。

核心考点 3　如何区别显微镜视野中的细胞和气泡

　　在开始练习制作临时装片时,气泡的出现是难免的,通常在观察时要找一个没有气泡或气泡小且很少的视野,尽量避免或消除气泡对观察的不利影响。一般气泡在显微镜视野中往往**具有较粗而黑的边缘**,呈圆形或椭圆形,**中央未被染色**,常是一片空白。用镊子轻轻压一下盖玻片,视野中的气泡就会变形或移动,而细胞则一般不会变形。

核心考点 4 动物、植物细胞的基本结构和功能

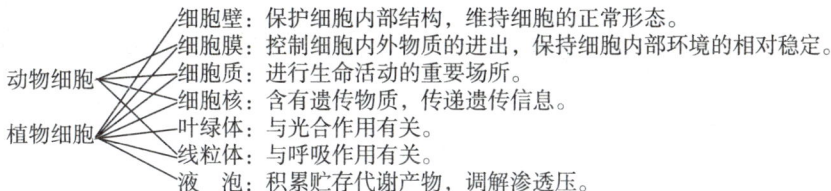

动物细胞
植物细胞

- 细胞壁：保护细胞内部结构，维持细胞的正常形态。
- 细胞膜：控制细胞内外物质的进出，保持细胞内部环境的相对稳定。
- 细胞质：进行生命活动的重要场所。
- 细胞核：含有遗传物质，传递遗传信息。
- 叶绿体：与光合作用有关。
- 线粒体：与呼吸作用有关。
- 液　泡：积累贮存代谢产物，调解渗透压。

核心考点 5 细胞的生活

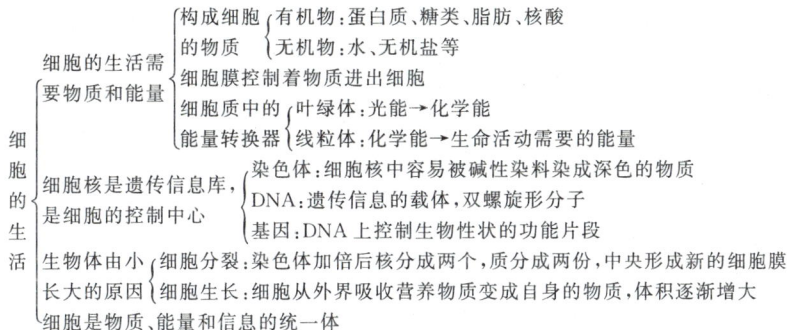

细胞的生活

细胞的生活需要物质和能量

- 构成细胞的物质
  - 有机物：蛋白质、糖类、脂肪、核酸
  - 无机物：水、无机盐等
- 细胞膜控制着物质进出细胞
- 细胞质中的能量转换器
  - 叶绿体：光能→化学能
  - 线粒体：化学能→生命活动需要的能量

细胞核是遗传信息库，是细胞的控制中心

- 染色体：细胞核中容易被碱性染料染成深色的物质
- DNA：遗传信息的载体，双螺旋形分子
- 基因：DNA上控制生物性状的功能片段

生物体由小长大的原因

- 细胞分裂：染色体加倍后核分成两个，质分成两份，中央形成新的细胞膜
- 细胞生长：细胞从外界吸收营养物质变成自身的物质，体积逐渐增大

细胞是物质、能量和信息的统一体

考霸笔记

细胞内的能量转换器

叶绿体(光合作用的场所)：进行光合作用，将无机物合成有机物并产生氧气，同时，将吸收的光能转变成化学能，储存在它所制造的有机物中。

线粒体(呼吸作用的主要场所)：细胞里的有机物在线粒体中被氧化分解成为二氧化碳和水，并将储存在有机物中的能量释放出来，供细胞生命活动利用。

核心考点 6   植物的营养器官和生殖器官

考霸笔记

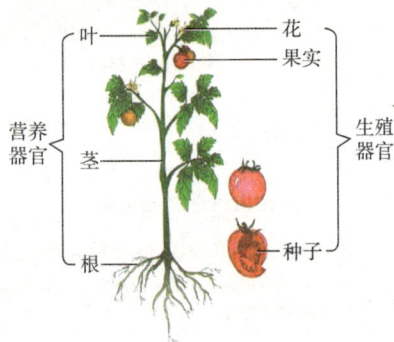

植物的营养器官
与生殖器官

器官名称	营养器官			生殖器官		
	根	茎	叶	花	果实	种子
主要组织	分生组织、输导组织、营养组织	保护组织、输导组织、营养组织	保护组织、输导组织、营养组织	保护组织、输导组织、营养组织		
功　能	吸收土壤中的水分和无机盐	输导和支持	制造有机物	繁殖后代		
相互关系	组成植物的器官依靠茎(输导组织)在结构上彼此相连,使植物体成为一个统一的整体					

核心考点 7   观察叶片的结构

目的要求	1)练习徒手切片
	2)认识叶片的结构
	3)观察叶片的表皮细胞、保卫细胞和气孔

续表

材料用具		新鲜的叶片、显微镜、双面刀片、镊子、载玻片、盖玻片、叶片切片的永久装片、盛有清水的培养皿、滴管、吸水纸、碘液、纱布、毛笔、小木板
方法步骤	练习徒手切片	1)将新鲜的叶片平放在小木板上；2)右手捏紧并排的双面刀片，在叶片上迅速横切；3)刀片的夹缝中存有切下的薄片。每切一次在水中蘸一下水，多切几次；4)用毛笔蘸取最薄的一片制成临时切片
方法步骤		徒手切片的制作过程

考霸笔记

叶的表皮、叶肉、叶脉的结构和功能辨析

叶片是蒸腾作用、光合作用最主要的器官，组成它的表皮、叶肉、叶脉在结构和功能上有很大不同。

表皮细胞无色透明，外面有角质层，不含叶绿体，主要功能是保护叶肉。

叶肉细胞由栅栏组织和海绵组织构成，细胞内含有大量的叶绿体，主要功能是进行光合作用制造有机物。

叶脉内有导管和筛管，主要起支持和输导作用，它们共同配合完成了蒸腾作用。

续表

考霸笔记

叶片上面的绿色比下面的深,这是因为接近上表皮的栅栏组织比接近下表皮的海绵组织含叶绿体多。

栅栏组织比海绵组织细胞排列紧密,所以自然落下的树叶大都正面向下。

从气孔进出叶片的气体主要是水蒸气、二氧化碳、氧气。

一般陆生植物叶的下表皮上的气孔比上表皮多。

构成气孔的保卫细胞与表皮细胞的最大区别是保卫细胞内含有叶绿体。

方法步骤	观察叶片结构	1)先用显微镜观察叶片的横切面临时切片,再观察叶片横切面的永久切片 2)在显微镜下分清表皮、叶肉、叶脉 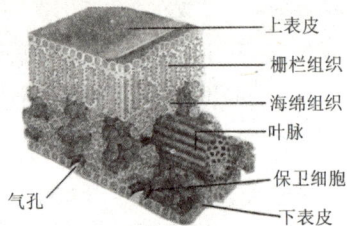
	观察叶片的下表皮	1)用镊子撕下一小块叶片的下表皮,制成临时装片 2)用显微镜进行观察,分清表皮细胞和保卫细胞
	画图	画一对保卫细胞图,周围的表皮细胞只画轮廓 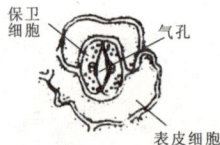

续表

| 讨论 | 叶片的结构与其功能的关系,在分析时从结构与功能相适应的角度入手 |

核心考点 8　植物的三种作用

光合作用

含义:绿色植物在光的作用下,利用二氧化碳和水等无机物制造出有机物,并释放氧气的过程。

表达式:二氧化碳＋水 $\xrightarrow[\text{叶绿体}]{\text{光}}$ 有机物（储存能量）＋氧气

生产应用:合理密植;大棚中增加 CO_2 的含量;大棚内增加光照时间和强度。

呼吸作用(有氧呼吸)

含义:生物体利用氧气将体内的有机物氧化分解生成水和二氧化碳,并且释放出能量的过程。

表达式:有机物＋氧气→二氧化碳＋水＋能量

影响因素:温度、氧气浓度、水分和二氧化碳浓度。

应用:保存蔬果时要适当低温,充入氮气或二氧化碳;保存种子时要晒

考霸笔记

绿色植物是食物之源

绿色植物通过光合作用,将光能转化为化学能,储存在植物体的有机物内。这些有机物不仅为植物自身的生命活动提供能量,还为人类和动物的生命活动提供能量。人类和动物的食物都直接或间接地来源于绿色植物。

干、低温、充氮气；松土、排涝可促进根系呼吸；适当加大昼夜温差，降低夜间呼吸作用，可提高作物产量。

蒸腾作用

含义：叶将根吸收的水经气孔以气体形式向大气散发的过程。

意义：是根吸水的动力；能促进水分和无机盐的吸收和运输；可降低叶面的温度。

影响因素：光照强度、环境温度、湿度、空气流动等。一般气孔周围的湿度小，气温较高，光照强，则植物的蒸腾作用就强，反之就比较弱。

应用：植物移栽时去掉部分枝叶，在阴雨天移栽。

考霸笔记

特别提示：不要认为绿色植物白天只进行光合作用，夜间只进行呼吸作用。

绿色植物的光合作用、呼吸作用、蒸腾作用进行的时间、部位都有所不同。在阳光下，三大作用可同时进行；但在夜间，光合作用停止，蒸腾作用大大减弱。而呼吸作用不管在白天还是在夜间，时时刻刻都在进行着。

核心考点 9　食物消化的最终产物

食物消化的最终产物	淀粉 —唾液、胰液、肠液／口腔、小肠→ 麦芽糖 —胰液、肠液／小肠→ 葡萄糖
	蛋白质 —胃液、胰液、肠液／胃、小肠→ 多肽 —胰液、肠液／小肠→ 氨基酸
	脂肪 —胆汁／小肠→ 脂肪微粒 —胰液、肠液／小肠→ 甘油＋脂肪酸

核心考点 10 营养物质的吸收

消化管各段的吸收情况	口腔、咽、食道	没有吸收作用
	胃	吸收少量水分和酒精
	小肠	吸收葡萄糖、氨基酸、甘油和脂肪酸及大部分的水分、无机盐和维生素
	大肠	吸收少量水分、无机盐和部分维生素

核心考点 11 三种血细胞的区别

项目	血细胞类型		
	红细胞	白细胞	血小板
形态结构	双面凹的圆盘状	圆球状	形状不规则
有无细胞核	无	有	无
数量、大小	较大,最多	比红细胞大,最少	最小,较多
功能	主要是运输氧气	吞噬细菌,防御疾病	止血和加速凝血

考霸笔记

小肠与消化、吸收功能相适应的结构特点

1)小肠很长,增加了消化和吸收的表面积。

2)小肠内表面有许多环形皱襞和小肠绒毛。

3)小肠绒毛内壁有丰富的毛细血管和毛细淋巴管。

4)小肠绒毛壁和毛细血管壁都很薄。

5)小肠内含有多种消化液(如胆汁、胰液和肠液),能消化淀粉、脂肪和蛋白质。

续表

项目	血细胞类型		
	红细胞	白细胞	血小板
临床上的应用	数量过少或血红蛋白含量过少会引起贫血	数量增多说明人体有炎症	其数量决定人的止血功能是否正常

考霸笔记

体循环和肺循环的关系

　　体循环和肺循环虽然是两条不同的循环路线,但它们是同时进行的,循环的起点和止点都在心脏。心脏把两条循环路线紧密地联系在一起,组成一条完整的循环途径,为人体各组织细胞不断运来氧气和养料,又不断地运走二氧化碳和其他废物,从而完成体内物质的运输任务。

核心考点 12　体循环的途径和血液成分的变化

1）**体循环途径**：血液从左心室→主动脉→各级动脉→全身毛细血管网→各级静脉→上、下腔静脉→右心房。

2）**血液成分的变化**：动脉血→静脉血。

3）**发生变化的部位**：组织处毛细血管。

核心考点 13　肺循环的途径和血液成分的变化

1）**肺循环途径**：血液从右心室→肺动脉→肺部毛细血管网→肺静脉→左心房。

2）**血液成分的变化**：静脉血→动脉血。

3）**发生变化的部位**：肺泡处毛细血管。

核心考点 14　怎样掌握呼吸道对空气的处理能力

　　呼吸系统是由呼吸道和肺组成的,其中呼吸道由鼻腔、咽、喉、气管、支气管组成。**鼻腔**是呼吸道的**起始部位**,其前部丛生鼻毛,能阻挡空气中的灰尘,净化吸入的空气;**鼻腔黏膜**能分泌黏液,对吸入的空气有湿润作用;鼻腔黏膜内还含有**丰富的毛细血管**,对吸入的寒冷空气有温暖作用。

核心考点 15　怎样理解肺的通气

　　肺的通气包括吸气和呼气两个过程:

　　1)**吸气时**,肋间外肌收缩,肋骨上提,胸骨向上向外移动,使胸廓的前后径和左右径都增大;同时,膈肌收缩,膈顶部下降,使胸廓的上下径增大。这时,胸廓扩大,肺随着扩张,肺的容积增大,肺内气压下降,外界空气就通过呼吸道进入肺,完成吸气动作。

　　2)**呼气时**,肋间外肌舒张,肋骨因重力作用而下降,使胸廓的前后径和左右径都缩小;同时,膈肌舒张,膈顶部回升,使胸廓的上下径缩小。这时,胸廓缩小,肺也跟着回缩,肺的容积缩小,肺内气压升高,迫使肺泡内的部分气体通过呼吸道排出体外,完成呼气动作。

考霸笔记

　　呼吸道对空气的处理能力是有限的。呼吸道能阻挡灰尘,使空气清洁,但不能清除空气中所有的有害物质,对空气的处理能力是有限的,流感病毒仍然可以由呼吸道进入人体,从而使人患病。

　　肺泡与外界环境的压力差是肺通气的直接动力。

　　呼吸肌的舒张收缩运动是肺通气的原动力。

理解的核心是肺内和肺外要形成气压差,气体由气压高的一方向气压低的一方流动。

核心考点 16　神经系统的组成

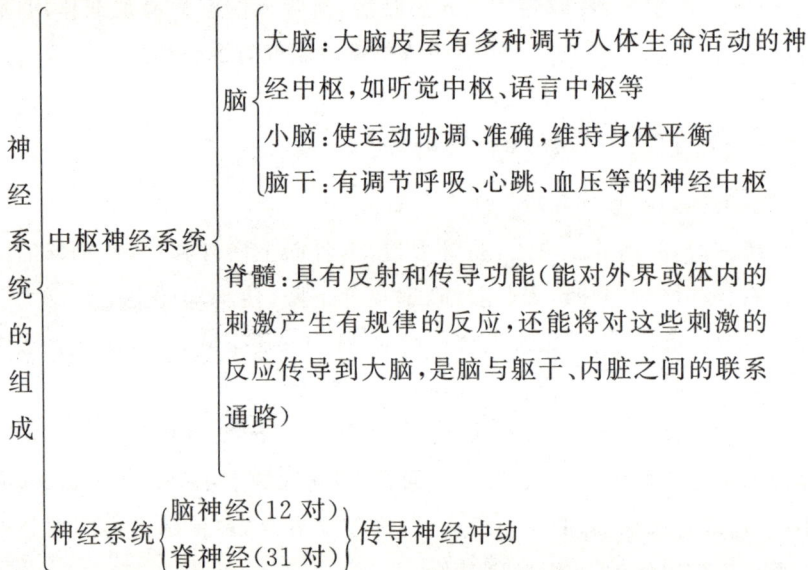

神经系统的组成
- 中枢神经系统
  - 脑
    - 大脑:大脑皮层有多种调节人体生命活动的神经中枢,如听觉中枢、语言中枢等
    - 小脑:使运动协调、准确,维持身体平衡
    - 脑干:有调节呼吸、心跳、血压等的神经中枢
  - 脊髓:具有反射和传导功能(能对外界或体内的刺激产生有规律的反应,还能将对这些刺激的反应传导到大脑,是脑与躯干、内脏之间的联系通路)
- 神经系统
  - 脑神经(12 对)
  - 脊神经(31 对)
  - 传导神经冲动

考霸笔记

神经元的功能:接受刺激,产生兴奋,并传导兴奋。

核心考点 17 脑和脊髓的功能

脑包括**大脑、小脑和脑干**三部分。

脊髓位于脊柱的椎管里,上端与脑相连,下端与第一腰椎下缘平齐。脊髓能对外界或体内刺激产生有规律的反应,还能将这些刺激的反应传导到大脑,是脑与躯干、内脏之间的联系通路。

大脑位于头部的颅腔内,由左右两个大脑半球构成,表面是大脑皮层,也叫大脑灰质,主要由神经元的细胞体构成,上面有许多凹陷的沟和隆起的回,具有感觉、运动、语言、听觉、视觉等多种生命活动的功能区——神经中枢。

小脑位于大脑的后下方,有两个小脑半球,主要的功能是调节躯体的随意运动。

脑干也是脑的组成部分,下部与脊髓相连。在**脑干**中有些专门调节心跳、呼吸、血压等人体基本的生命活动中枢,如果这些部位受到损伤,心跳和呼吸就可能会停止,从而危及生命。

考霸笔记

大脑、小脑和脑干都是由灰质和白质构成。

专题三十三　高频考点(2)

核心考点 1　各类植物的比较

考霸笔记

藻类植物之所以低等,主要原因是它没有根、茎、叶的分化,靠孢子繁殖后代。

藻类植物光合作用效率最高,是大气中"氧"的主要来源(约占90%)。

藻类植物可作为监测"水域污染"程度的指示植物。

苔藓植物可作为监测"空气污染"程度的指示植物(如"二氧化硫"等有毒气体)。

古代蕨类植物形成了现在的煤。

类别		主要特征	生活环境	繁殖方式	举例
孢子植物	藻类植物(低等类群)	单细胞或多细胞,无根、茎、叶的分化	大多数生活在水中	孢子	衣藻(单细胞)、海带、紫菜、水绵等
	苔藓植物(原始高等类群)	多细胞,有茎、叶的分化和假根,靠叶片吸收水分和无机盐(植株矮小)	大多数生活在阴湿的地方	孢子	葫芦藓、地钱、小墙藓等
	蕨类植物(高等类群)	有根、茎、叶的分化,体内有输导组织和机械组织(这是蕨类植物植株较高大的原因)	多数生活在阴湿的陆地	孢子	蕨、贯众、卷柏、桫椤等

续表

类　　别		主要特征	生活环境	繁殖方式	举　例
种子植物	种子植物（最高等类群）能产生种子	裸子植物	种子裸露,外面没有果皮包被着;有发达的根、茎、叶和种子;没有真正的花和果实	陆地生活	种子	银杉、水杉、银杏、雪松等
		被子植物	种子不裸露,有果皮包被着;有根、茎、叶、花、果实和种子	陆地生活	种子	水稻、花生、大豆、西瓜等

考霸笔记

我国由于裸子植物种类最多,所以被称为"裸子植物的故乡"。

被子植物是植物界中最高等的类群,具体表现在种子外面有"果皮"包被着。

被子植物指的是"绿色开花植物"。植物分类的主要依据是花、果实和种子。

核心考点 2　观察种子的结构

目的要求	1)认识种子的结构 2)学习观察种子结构的方法
材料用具	浸软的菜豆种子和玉米种子、刀片、放大镜、滴管、稀碘液
方法步骤	观察菜豆种子的结构	1)先观察菜豆种子外形,呈椭圆形,一侧中间凹陷,像肾脏的形状 2)剥去外面的一层皮——种皮,分开合拢着的两片子叶,俗称两个瓣 3)用放大镜观察子叶、胚根、胚轴、胚芽的位置、形状
	观察玉米种子的结构	1)先观察玉米种子外形,像人的门牙形状 2)用刀片纵剖,滴上碘液观察 3)染成蓝色的为胚乳;不被染成蓝色的为果皮和种皮、胚根、胚芽、胚轴、子叶

考霸笔记

用刀片时要小心,不要划伤手指。

比较菜豆和玉米种子结构的异同点。

种子的结构复杂,比孢子更适应陆地环境。

胚是植物下一代的幼体,是种子的主要部分,其他的结构都为胚将来的萌发服务。

核心考点 3 无脊椎动物的主要特征

类 别	主要特征	举 例
原生动物	身体微小、结构简单,单细胞(是动物界中最原始、最低等的动物)	草履虫、疟原虫和变形虫等
腔肠动物	多细胞,体壁两胚层,身体呈辐射对称,有口无肛门	水螅、海蜇、珊瑚、水母和海葵等
扁形动物	身体背腹扁平,由许多体节构成	猪肉绦虫、涡虫和血吸虫等
线形动物	身体细长,前端有口,后端有肛门,有**假体腔**	蛔虫、蛔虫、钩虫等
环节动物	身体由许多相似的环节构成,有**真体腔**	沙蚕、蚯蚓和水蛭等
软体动物	身体柔软,有外套膜,大多有贝壳	河蚌、鱿鱼、蜗牛、乌贼、鲍鱼和章鱼等
节肢动物(昆虫纲)	体表有坚韧的外骨骼,身体和附肢都分节	蜜蜂、蜻蜓、蝇、蝗虫和蝴蝶等

考霸笔记

昆虫纲是动物界中种类最多、数量最大、分布最广的陆生无脊椎动物。

常见的单细胞生物:草履虫、变形虫、衣藻、眼虫、酵母菌、细菌和蓝藻等。

考霸笔记

鱼类是脊椎动物中种类最多的一个类群,超过其他各纲脊椎动物种数的总和。世界上现存的鱼类约24000千种,全世界现有鸟类9000余种,哺乳动物现存4000多种。

脊椎动物和人类生活的关系

有利方面:为人类提供了肉、蛋、奶等食物,皮装、皮鞋等皮革制品,羊毛衫、羽绒服等服装制品。此外,许多脊椎动物能捕食农林害虫、害兽,对农林业有益。

有害方面:鼠类动物如家鼠等能传播鼠疫等危险疾病,对人类健康有极大的危害。

核心考点 4 　脊椎动物的主要特征

鱼类:水生,体表具有鳞片,用鳃呼吸,用鳍游泳,卵生,体外受精,变温。如青鱼、海马和鲨鱼等。

两栖类:幼体水生,用鳃呼吸,用鳍游泳,成体水、陆两栖,用肺呼吸和皮肤辅助呼吸,卵生,体外受精,变态发育,变温。如青蛙、蟾蜍、大鲵(娃娃鱼)等。(两栖类是由水生向陆生过渡的中间类型)

爬行类:体表具有鳞片或甲,用肺呼吸,体内受精,卵生,变温。如壁虎和扬子鳄等。(真正的陆生脊椎动物)

鸟类:被覆羽毛,前肢变为翼,心脏四腔,用肺呼吸和气囊辅助呼吸(双重呼吸),恒温,体内受精,卵生。如麻雀、鸡和鸵鸟等。

哺乳类:体表被毛,牙齿分化,心脏四腔,用肺呼吸,恒温,大脑发达,胎生、哺乳。如鲸、蝙蝠、海豚等。(哺乳类是动物界中最高等的一个类群)

核心考点 5　研究鱼鳍在游泳中的作用

目的要求	探究鱼鳍在游泳中的作用
材料用具	气球、饮料管、橡皮筋、硬塑料片、剪刀、清水、水盆
方法步骤	1)取一个气球,往里灌进少量的水,将饮料吸管插进气球口,用手压扁吸管,然后用橡皮筋扎紧气球颈部 2)将饮料吸管折过来后,用另一根橡皮筋扎紧 3)把剪成尾鳍形状的两个硬塑料片放在气球颈部两侧,用一根橡皮筋扎好后,用订书器(或回形针)把两片"尾鳍"的边沿订(夹)在一起。然后将塑料刀从下向上插入两片"尾鳍"之间 4)把你做的这条"鱼"放进一盆水中:用一个手指轻轻按住"鱼"的前部,再拨动塑料刀,使"鱼"的"尾鳍"左右摆动,观察这条"鱼"能否前进

考霸笔记

在科学探究过程中,有些问题单凭观察是难以得出结论的,这时就需要通过实验来探究。

实验当然也离不开观察,但与单纯的观察不同的是,实验是在人为控制研究对象的条件下进行的观察。比如你已经做过的种子萌发条件的实验,对种子所处环境的温度、水分、空气等条件就分别进行了控制,否则你很难看出单一因素对种子萌发的影响。

在难以直接拿研究对象做实验时,有时用模型来做实验,即模仿实验对象制作模型,或者模仿实验的某些条件来进行实验,这样的实验叫作模拟实验。模拟实验也是科学研究中常用的一种方法。

核心考点 6　探究一种动物的行为(菜青虫的取食行为)

目的要求	验证菜青虫喜欢取食十字花科植物
材料用具	大白菜、卷心菜、小白菜、芹菜、香菜等蔬菜的菜叶,菜青虫的卵,滤纸
方法步骤	1)对菜青虫的卵进行饲养,幼虫孵出后就可以做实验了 2)设置对照:①用十字花科的叶片和其他植物的叶片做对照;②榨取部分十字花科植物的汁液,然后涂在一块滤纸上,用来与未涂汁液的滤纸做对照 3)①把大白菜、卷心菜、小白菜、芹菜、香菜等蔬菜的菜叶摆成圆圈,将菜青虫幼虫放在圆心,观察它的取食运动情况;②把涂十字花科植物叶汁液的滤纸和未涂汁液的滤纸,相间摆成另一个圆圈,将菜青虫幼虫也放在圆心,然后观察 4)现象:①菜青虫爬向大白菜、卷心菜、小白菜的叶;②爬向涂有十字花科植物叶汁液的滤纸
结论	1)菜青虫喜欢取食十字花科植物,这是因为其含有特殊的味道 2)菜青虫的这种行为是先天性行为
拓展	通过探究菜青虫的取食行为,你认为怎样防治菜青虫最好

核心考点 7　生物的生殖、发育

1.植物

有性生殖:由受精卵发育成新个体的生殖方式。例如:种子繁殖(胚珠中的卵细胞与花粉中的精子结合成受精卵→胚→种子)。其特点是繁殖出的新个体得到了双亲的遗传物质。

无性生殖:不经过两性生殖细胞结合,由母体直接产生新个体的生殖方式。其特点是产生出的新个体中的遗传物质与母体的完全相同。如出芽生殖、孢子生殖、分裂生殖、营养生殖等。

2.昆虫

完全变态:在由受精卵发育成新个体的过程中,幼虫与成体的结构和生活习性差异很大,这种发育过程叫变态发育。其发育阶段:卵→幼虫→蛹→成虫。如家蚕、蜜蜂、蝶、蛾、蝇、蚊。

不完全变态:卵→若虫→成虫。如蝗虫、蝉、蟋蟀、蝼蛄、螳螂。

3.两栖动物

变态发育:卵→蝌蚪→幼蛙→成蛙。

特点:卵生,体外受精。

> **考霸笔记**
>
> 营养生殖包括扦插、嫁接、压条、组织培养等,由于营养生殖能保持某些栽培植物的优良性状,而且繁殖速度快,被广泛应用于花卉和果树的栽培中。

4.鸟类

过程:筑巢、求偶、交配、产卵、孵卵、育雏几个阶段。

特点:卵生,体内受精。

考霸笔记

一般陆地生活的动物在吸气时,气体进入肺,此时肺泡内的氧扩散到血液中,血液中的二氧化碳扩散到肺泡内,完成一次气体交换后,进行呼气动作,把肺泡内的二氧化碳气体排到空气中,一次呼吸,只完成一次气体交换。

核心考点 8 怎样理解鸟类的双重呼吸

双重呼吸是鸟类比较特殊的呼吸方式。鸟类在飞行过程中的呼吸,吸入的大量空气进入肺时,完成了一次氧和二氧化碳的交换,但由于吸入的空气很多,许多新鲜空气未等进行气体交换便直接进入气囊暂时贮存起来;呼气时,随着肺内较多的二氧化碳排出体外,气囊中含有的新鲜空气在气囊收缩时再次通过肺部,所以肺在排出二氧化碳的同时又一次进行了氧和二氧化碳的交换,我们把吸气和呼气时都能进行气体交换,即一次呼吸进行两次气体交换的现象叫作双重呼吸。

核心考点 9 昆虫适于飞行的特点

昆虫的翅与鸟的翼主要共同点:都有用于飞行的扇面形结构,这些结构的运动都是由肌肉的收缩和舒张引起的,在空气中都可以产生向上的升力和前进的动力;相对于自身身体的大小来说,都具有轻、薄、表面积大的特点,有利于通过扇动空气从而产生飞行的动力。

核心考点 10 细菌在生活和工业上的应用

利用乳酸菌制作酸奶、泡菜和青贮饲料等。其发酵原理是在无氧的条件下,将葡萄糖转化成乳酸。

醋酸杆菌与制醋: 利用醋酸杆菌制作白醋、黑醋等。其制作原理是利用醋酸杆菌,将葡萄糖转化为醋酸。

甲烷细菌与沼气: 利用甲烷细菌,在无氧的条件下,将有机物进行发酵,产生沼气,沼气的主要成分是甲烷。

核心考点 11 真菌在生活和工业上的应用

酵母菌与发酵: 利用酵母菌制作馒头、包子和蛋糕等。其发酵原理是酵母菌在有氧时,把葡萄糖转化成二氧化碳和水。

酵母菌与酿酒: 利用酵母菌酿造各种酒类。其酿造原理是酵母菌在无氧时,把葡萄糖转化成二氧化碳、酒精。

青霉菌与医药: 利用青霉菌生产青霉素(抗生素),它是治疗细菌性传染病的特效药,如肺炎、脑膜炎等。

考霸笔记

昆虫胸部分三节,分别是前胸、中胸、后胸,前翅着生在中胸背面,后翅着生在后胸背面。昆虫一共有 10 对气门,从中胸到第 8 腹节每节各一对。昆虫身体的分节比环节动物身体的分节要高级,每节不相似,有长有短,更适于陆地生活。

初中生物基础知识及考点突破

霉菌与酱油等:利用霉菌制作酱油、豆豉和豆腐乳等。其制作原理是将淀粉转化成葡萄糖,将蛋白质转化成氨基酸。

核心考点 12　转基因技术和克隆技术

考霸笔记

克隆技术属于无性生殖。

转基因技术的概念:将一个生物体的基因,转移到另一个生物体 DNA 中的生物技术。如超级鼠和转基因大豆等。

转基因技术的应用:①制药:利用转基因技术生产药物,如生长激素、干扰素和凝血因子等。②培育新品种:利用转基因技术,培育出农作物新品种,如转基因番茄、转基因棉花和转基因烟草等。

克隆技术的概念:将一个生物体的细胞或组织,在实验室培育成一个相同新个体的生物技术。如克隆羊"多莉"的诞生。

克隆技术的应用:①拯救物种。②器官的移植等。